KÖNIGS ERLÄUTERUNGEN
Band 149

Textanalyse und Interpretation zu

Hans Jacob Christoph von Grimmelshausen

DER ABENTEUERLICHE SIMPLICISSIMUS

Maria-Felicitas Herforth

Alle erforderlichen Infos für Abitur, Matura, Klausur und Referat
plus Musteraufgaben mit Lösungsansätzen

Bange Verlag

Zitierte Ausgaben:
Grimmelshausen, Hans Jacob Christoffel von, *Der abenteuerliche Simplicissimus.* Husum/Nordsee: Hamburger Lesehefte Verlag 2010 (Hamburger Leseheft Nr. 207, Heftbearbeitung: Elke und Uwe Lehmann). Zitatverweise sind mit **HL** gekennzeichnet.
Grimmelshausen, Hans Jacob Christoph von, *Der abenteuerliche Simplicissimus.* Gekürzte Ausgabe. Herausgegeben von Walter Schafarschik. Stuttgart: Philipp Reclam jun., durchgesehene Ausgabe 2001 (Reclams Universal-Bibliothek Nr. 7452). Zitatverweise sind mit **R** gekennzeichnet.

Über die Autorin dieser Erläuterung:
Maria-Felicitas Herforth, geboren 1980, Studium der Anglistik und Germanistik an der Ruhr-Universität Bochum (1999–2005), Studienaufenthalt in Großbritannien (2001–2002), 2005–2006 Doktorandin und wissenschaftliche Hilfskraft im Englischen Seminar der Ruhr-Universität Bochum, seit 2009 Studienrätin mit den Fächern Englisch und Deutsch an einem Gymnasium in Bochum, Autorin von Königs Erläuterungen.

1. Auflage 2011
ISBN 978-3-8044-1955-1

Titelbild: Titelkupfer zum ‚Simplicissimus' 1669, © akg-images
Druck und Weiterverarbeitung: Tiskárna Akcent, Vimperk

1. DAS WICHTIGSTE AUF EINEN BLICK – SCHNELLÜBERSICHT

Damit sich jeder Leser in diesem Band sofort zurechtfindet und das für ihn Interessante gleich entdeckt, folgt hier eine Übersicht.

⇨ S. 9 ff.

Das 2. Kapitel beschreibt Grimmelshausens Leben und stellt den zeitgeschichtlichen Hintergrund vor:

- → Grimmelshausen lebte von ca. 1622 bis 1676, u. a. in Offenburg, Gaisbach und Renchen.
- → Grimmelshausen verfasste seinen barocken Schelmenroman *Der abenteuerliche Simplicissimus* vor dem Hintergrund des Dreißigjährigen Krieges (1618–1648) und seinen verheerenden Auswirkungen auf Mensch und Gesellschaft.
- → *Der Abenteuerliche Simplicissimus Teutsch* steht im Kontext des simplicianischen Zyklus.

⇨ S. 22 ff.

Im 3. Kapitel geht es um eine Textanalyse und -interpretation.

Der abenteuerliche Simplicissimus – Entstehung und Quellen:

Der Entstehungszeitraum des Romans ist nicht genau festlegbar. 1648/1649 und 1662 sind entscheidende Eckpunkte. 1665/1666 scheint der Roman abgeschlossen gewesen zu sein.

Inhalt:

⇨ S. 25 ff.

In fünf Büchern erzählt der Protagonist Melchior Sternfels von Fuchshaim, genannt Simplicius Simplicissimus, die zentralen Episoden und Abenteuer seines Lebenswegs vor dem Hintergrund des Dreißigjährigen Krieges. Nach dem Tod seiner Eltern lebt er in völliger Unwissenheit und ohne Kenntnis seiner adeligen Abstammung und seines Namens auf einem Bauernhof im Spessart.

Erst durch einen Einsiedler, der ihn nach dem Überfall des Hofes durch Soldaten bei sich aufnimmt, lernt er, die Welt um sich herum zu begreifen. Nach dessen Tod muss er jedoch den Wald verlassen und in der Welt bestehen. Hier erlebt er verschiedene Abenteuer, insbesondere unter deutschem und schwedischem Militär. Unter anderem wird er Dragoner, der gefürchtete „Jäger von Soest", als der er viele moralische Verfehlungen begeht, welche die Grundlage für seine spätere Reue und Weltabkehr sind. Zuletzt erfährt Simplicius die Wahrheit über seine Familiengeschichte und Herkunft, bevor er sich, wie einst sein wirklicher Vater, der verstorbene Einsiedler, in den Spessarter Wald zurückzieht.

Aufbau:

Der Roman ist aus der Perspektive des Protagonisten Melchior Sternfels von Fuchshaim, genannt Simplicius Simplicissimus, verfasst und als fiktive Autobiografie (Ich-Erzähler) konzipiert. Charakteristisch für die Erzählerebene des Romans ist das Perspektivenspiel durch den Wechsel von erzählendem Ich und erlebendem Ich. Prägnante äußere Strukturzüge der gekürzten Ausgabe des Romans sind seine Rahmen- bzw. Kreisstruktur sowie die drei zentralen Erzählebenen mit unterschiedlicher Funktion und Prägung (historisch-unterhaltend, zeitkritisch, religiös-moralisch belehrend).

➪ S. 53 ff.

Personen:

Melchior Sternfels von Fuchshaim, genannt Simplicius Simplicissimus, wird bereits über seinen sprechenden Namen charakterisiert: Er ist einfältig, aufrichtig, seltsam und im Verlauf des Romans kaum eindeutig bestimmbar. Insgesamt unterliegt er einer Entwicklung von quasi unwissender Einfältigkeit hin zu allgemein-menschlicher Ambivalenz, analog zu anderen Menschen in Kriegssituationen.

➪ S. 68 ff.

Eine wichtige Nebenfigur, die den Protagonisten bis zu einem gewissen Grad beeinflusst, ist der Einsiedel, der – wie Simplicius zuletzt erfährt – sein eigentlicher Vater von adeliger Herkunft ist.

Auch der Pfarrer hat eine unterstützende Funktion für Simplicius während dessen Zeit als Narr im Dienste des Gubernators, ebenso wie der Hofmeister und sein Sohn Ulrich Herzbruder, der der erste wichtige Freund des Protagonisten ist.

Stil und Sprache in *Simplicius Simplicissimus*:

➩ S. 85 ff.

Stil und Sprache des *Simplicissimus*-Romans stehen im Kontext der von Grimmelshausen auf der Titelseite explizit angeführten Funktion von Literatur gemäß dem Motto von Horaz: Literatur soll sowohl unterhalten als auch nutzen *(prodesse et delectare)*. Dementsprechend werden im Verlauf des Romans bewusst unterhaltende und moralisch-belehrende Mittel – oftmals miteinander vermischt – eingesetzt.

Interpretationsansätze:

➩ S. 89 ff.

Für die Interpretation des Barockromans ist eine Berücksichtigung der geschichtlichen Wirklichkeit, in der sich im 17. Jahrhundert mittelalterliche und neuzeitliche Denkströmungen überlagern, notwendig. Das besondere, perspektivengebundene Erzählverfahren Grimmelshausens wird durch eine Deutung des Romans im Kontext des simplicianischen Zyklus greifbar. Weitere Deutungsmöglichkeiten bieten die Konzepte des Simplicius als *tumber Narr* und als *Schalksnarr*, ebenso ein Vergleich des *Simplicissimus*-Romans mit Wolfram von Eschenbachs hochmittelalterlichem *Parzival*-Roman.

2. H. J. C. VON GRIMMELSHAUSEN: LEBEN UND WERK

2.1 Biografie

Hans Jacob Christoffel von Grimmelshausen, wahrscheinlich 1622–1676
© wikipedia

JAHR	ORT	EREIGNIS	ALTER
um 1622	Gelnhausen (Hessen)	Grimmelshausen wird als Sohn des Gastwirts Johann von Grimmelshausen in der lutherischen Reichsstadt Gelnhausen geboren.[1]	
1634	Gelnhausen	Bis zum Jahre 1634 hat er vermutlich die protestantische Lateinschule besucht. Die Stadt Gelnhausen wird im Zuge des Dreißigjährigen Krieges von kroatischen Truppen der spanischen Armee zerstört. Dies gilt als Auslöser für eine entscheidende Lebenswendung des Autors, der nach der Zerstörung seiner Heimatstadt nach Hanau zieht. Von nun an bestimmt der Krieg sein Leben.	12
1635	Hanau	Grimmelshausen wird zuerst von kroatischen Truppen ins Stift Hersfeld verschleppt und anschließend von hessischen Truppen gefangen genommen. Diese überführen ihn nach Kassel.	13
1636	im Felde (Ort unbekannt)	Der Autor nimmt als „Trossbub" auf kaiserlicher Seite an der Belagerung von Magdeburg und an der Schlacht bei Wittstock teil.	14

1 Grimmelshausens Leben ist erst ab dem Jahr 1634 biografisch erfasst. Sein genaues Geburtsdatum ist unbekannt.

JAHR	ORT	EREIGNIS	ALTER
1637–1638	Westfalen (Ort unbekannt)	Grimmelshausen schließt sich dem Leibdragonerregiment des kaiserlichen Feldmarschalls Graf Hans von Götz an und nimmt an der Schlacht bei Wittenweil teil.	15–16
1638	Breisach (Oberrhein)	Grimmelshausen nimmt an Entsetzungsangriffen für die eingeschlossene Stadt Breisach teil.	16
1639–1649	Offenburg	Grimmelshausen meldet sich freiwillig als Musketier zur Verteidigung der Stadt im Regiment des kaiserlichen Obersten Freiherr Hans Reinhard von Schauenburg. Spätestens ab 1645 wird er als Regimentsschreiber eingesetzt, später als Regimentssekretär.	17–27
1649	Offenburg	Grimmelshausen heiratet am 30. August Catharina Henninger, die Tochter eines Offenburger Wachtmeisterleutnants und späteren Zaberner Ratsherren. Die katholisch vollzogene Trauung deutet auf eine Konversion Grimmelshausens zum Katholizismus hin. Aus der Ehe gehen zwischen 1650 und 1669 zehn Kinder hervor.	27
1649–1660	Gaisbach bei Oberkirch	Grimmelshausen begibt sich als „Schaffner" in die Dienste der Schauenburger; er ist als Vermögensverwalter und Rechnungsführer tätig.	28–39
1657–1658	Gaisbach bei Oberkirch	Grimmelshausen betreibt die Gastwirtschaft *Zum silbernen Stern*.	35–36
1662	Ullenburg	Grimmelshausen begibt sich in die Dienste des Straßburger Arztes Johannes Küeffer auf dessen Ullenburg. Zu diesem Zeitpunkt muss Grimmelshausen bereits mit seiner Schriftstellerei begonnen haben.	40

JAHR	ORT	EREIGNIS	ALTER
1665	Gaisbach	Grimmelshausen eröffnet wieder eine Wirtschaft *(Zum silbernen Stern)*.	43
1667	Gaisbach	Seine ersten beiden Bücher erscheinen: *Der satyrische Pilgram* und *Histori vom keuschen Joseph in Egypten*. Gleichzeitig wird Grimmelshausen Schultheiß (Gemeindevorsteher) im Dienste des Straßburger Bischofs in der Marktgemeinde Renchen und somit Beamter auf Lebenszeit. Er widmet sich verstärkt der Schriftstellerei.	45
1668	Renchen	*Der abenteuerliche Simplicissimus Teutsch* erscheint (vordatiert auf 1669).	46
1669	Renchen	*Continuatio des abenteuerlichen Simplicissimus Oder der Schluss desselben* erscheint.	47
1670	Renchen	Es erscheinen: → *Trutz Simplex: oder Ausführliche und wunderseltzame Lebensbeschreibung Der Erzbetrügerin und Landstörtzerin Courasche* → *Der Seltsame Springinsfeld* → *Dietwalts und Amelindens anmuthige Lieb- und Leids-Beschreibung* → *Der erste Beernhäuter* → *Simplicissimi Gauckel-Tasche* → *Des Abenteurlichen Simplicissimi Ewig-Währender Calender* → *Des Weltberufenen Simplicissimi Pralerey und Geprang mit seinem Teutschen Michel* → *Simplicianischer Zweyköpfiger Ratio Status*	48

JAHR	ORT	EREIGNIS	ALTER
1672	Renchen	→ *Des Durchleuchtigen Prinzen Proximi und seiner ohnvergleichlichen Lympidae Liebs-Geschicht-Erzehlung* → *Des Abenteuerlichen Simplicii Verkehrte Welt Rathstübel Plutonis oder Kunst reich zu werden Der stoltze Melcher* → *Das wunderbarliche Vogelnest (Teil 1)*	50
1673	Renchen	*Simplicissimi Galgenmännlein* erscheint.	51
1676	Renchen	Grimmelshausen stirbt am 17. August[2].	54

2 Vgl. Meid, *Grimmelshausen*, S. 245–266; Meid, *Einleitung*, S. 5–12; Grimmelshausen (Hamburger Lesehefte), S. 477.

2.2 Zeitgeschichtlicher Hintergrund

ZUSAMMEN-FASSUNG

Den zeitgeschichtlichen Hintergrund des *Simplicissimus*-Romans bilden Leben und Gesellschaft Deutschlands zur Zeit des Dreißigjährigen Krieges (1618–1648). Dieser Krieg begann als Konfessionskrieg zwischen Katholiken und Protestanten, entwickelte sich aber zunehmend zu einem Konflikt zwischen den europäischen Mächten um die Vorherrschaft[3]. Seine politischen, wirtschaftlichen und sozialen Folgen waren gravierend: Das Heilige Römische Reich deutscher Nation war nach dem Krieg nur noch ein machtloser Fleckenteppich aus Hunderten von Einzelstaaten; die Bevölkerung verringerte sich aufgrund der Kriegsfolgen um etwa ein Drittel.

Vorgeschichte des Konflikts

Dreißigjähriger Krieg

Der Dreißigjährige Krieg wird oft als Religionskrieg und innerdeutsche Angelegenheit dargestellt. Die Religion, in diesem Fall der Gegensatz zwischen Katholiken und Protestanten, diente jedoch eher der Identifikation der politischen Ziele der verschiedenen Lager sowie ihrer moralischen Rechtfertigung. Dementsprechend sind die Ursachen des Dreißigjährigen Krieges hauptsächlich in den unterschiedlichen gesellschaftlichen, politischen und wirtschaftlichen Entwicklungen in den beteiligten europäischen Mächten zu finden. Die Kontrahenten identifizierten sich in diesem Krieg über ihre Konfessionszugehörigkeit.

3 Zu den folgenden Ausführungen vgl. Meid, S. 11–49, sowie http://www.uni-muenster.de/FNZ-Online/politstrukturen/dreikrieg/gliederung.htm (Stand: April 2009).

Vor Ausbruch des Dreißigjährigen Kriegs hatten sich die verschiedenen europäischen Mächte in einem komplizierten Netz aus gegenseitigen diplomatischen und ökonomischen Abhängigkeiten verfangen. Neben diesen Abhängigkeiten prägten religiöse und nationale Gegensätze, Vorurteile sowie konkurrierende Interessenlagen die Verhältnisse der Staaten untereinander.

Das Heilige Römische Reich deutscher Nation, zu diesem Zeitpunkt vom Adelsgeschlecht der Habsburger regiert (die Habsburger stellten mit Ausnahme der Periode von 1742–1745 alle Könige bzw. Kaiser des Reiches von 1438 bis 1806), durchlief im Vorfeld des Kriegs eine innen- wie außenpolitische Schwächeperiode. Diese hatte ihren Ursprung in einer Entscheidung Kaiser Ferdinands I. (1503–1564), der vor seinem Tod verfügte, dass das Reich unter seinen drei Söhnen aufgeteilt und die Kaisermacht auf Deutschland beschränkt sein sollte.

Seinem ältesten Sohn, Maximilian II., der Ferdinands Nachfolger auf dem Kaiserthron wurde, war die Königswürde von Ungarn und Böhmen übertragen worden; außerdem regierte er Nieder- und Oberösterreich. Karl II. erhielt die Steiermark, Kärnten und Krain, Ferdinand II. die rheinisch-schwäbischen, vorderösterreichischen Gebiete in Tirol und im Vorarlberg. Diese territoriale Teilung zog eine Verwaltungsteilung nach sich und wurde von Mächten außerhalb des Reiches, aber auch von Fürsten innerhalb des Reiches, als Zeichen der Schwäche des Kaisertums empfunden.

Innenpolitische Situation vor Kriegsausbruch

Konflikt zwischen dem Kaiser und den Fürsten

Im Vorfeld des Dreißigjährigen Kriegs vermischten sich innenpolitische Konflikte mit religiösen Antagonismen, die wiederum von der sogenannten Konfessionalisierung innerhalb des Reiches ausging. Vor allem zwischen den Habsburgern, also dem Kaiser, und den deutschen Fürsten tat sich ein tiefer Graben auf. Die deutschen Fürsten drängten nach mehr territorialer Unabhängigkeit und Emanzipation von der Zentralmacht sowie einer ökonomischen Stärkung ihrer Positionen. Dem Kaiser wiederum war daran gelegen, seine Macht zu untermauern. Durch die Konfessionalisierung innerhalb des Reiches im Zuge der Reformation bekamen diese gegensätzlichen Positionen einen religiösen Ausdruck, d. h., sie wurden ideologisiert. Große Teile der Stände (Fürsten, Reichsritter und freie Stände) waren zum Protestantismus übergetreten und fanden in Luthers Lehre eine religiöse Rechtfertigung für ihr Unabhängigkeitsstreben. Die Habsburger, die der katholischen Kirche nahestanden, reagierten auf diese Entwicklung mit einem sich radikalisierenden Katholizismus. Als besonders konfliktträchtig erwies sich das im Rahmen des Augsburger Religionsfriedens von 1555 ausgerufene Prinzip *cuius regio, eius religio* („wessen das Land, dessen die Religion"). Dieses Prinzip bedeutete in der Praxis, dass jeder Fürst über die Religion seines Gebietes entscheiden konnte. Wenn also ein Fürst Protestant war, hatte er das Recht, für die Bürger seines Gebietes den Protestantismus als Religion zu bestimmen. Die Folge der Konfessionalisierung war, dass sich das Reich in einen protestantischen und einen katholischen Block spaltete. Manifest wurde diese Spaltung mit der Gründung der protestantischen Union (1608) und der (kaisernahen) katholischen Liga (1609). Diese Spaltung hatte zwangsläufig negative Auswirkungen auf die Arbeitsfähigkeit verschiedener Organe und Institutionen des Reiches.

Protestantische Union und katholische Liga

Mit der Konfessionalisierung ging auch eine Säkularisierung von Territorien in den Gebieten der protestantischen Fürsten einher. Säkularisierung bedeutete, dass die Fürsten sich Güter und Ländereien, die vorher der katholischen Kirche gehörten, einverleibten und auf diese Weise ihre ökonomische Basis stärkten. Die katholische Kirche versuchte – unterstützt von den Habsburgern –, diese Güter zurückzugewinnen. Neben diesen innenpolitischen Spannungen kam es in Europa zu wirtschaftlichen Entwicklungen, die das Reich ebenfalls unter Druck setzten. So hatten sich die Haupthandelswege durch das Bekanntwerden neuer Seestraßen und neuer Ressourcen nach Westen an den Atlantik verlagert, was vor allem zum Ausfall von Zöllen führte und Mächte mit großen Handelsflotten bevorzugte. Außerdem wurde der deutsche Markt mit englischen und französischen Gütern überschwemmt, was mit negativen Auswirkungen auf die Produktion im Reich verbunden war. Gegen diese Entwicklungen versuchte der Kaiser mit Steuer- und Zollerhöhungen vorzugehen, was jedoch die wirtschaftliche Situation im Reich nur zusätzlich verschlechterte. An den Grenzen des Reiches entwickelten sich jedoch alternative Staatsformen, die sowohl den neuen gesellschaftlichen als auch den wirtschaftlichen Entwicklungen Rechnung trugen, etwa in den Niederlanden eine bürgerliche Ständerepublik oder in Frankreich ein feudaler Absolutismus. Dem gegenüber stand das Reich mit der Idee einer Universalmonarchie, also einer möglichst starken Zentralmacht. Das im Mittelalter entstandene Heilige Römische Reich deutscher Nation erschien am „Vorabend“ des Dreißigjährigen Kriegs somit als ein von innenpolitischen und wirtschaftlichen Problemen erschüttertes Gebilde.

Beginn des Kriegs

In dem zum Reich gehörenden Königtum Böhmen brachen die ersten Kämpfe des Dreißigjährigen Kriegs aus. In Böhmen gab es zwei starke Konfessionen, die Hussiten und die Katholiken. Die Hussiten wurden von der katholischen Obrigkeit unter Druck gesetzt, erst Kaiser Rudolf II. (1552–1612) beendete dies mit einem Dekret von 1609, das den Glaubenszwang durch den Landesherrn untersagte, also Religionsfreiheit garantierte. Unter seinem Nachfolger Matthias (1557–1619) nahm der Druck auf die Hussiten wieder zu. Gleichzeitig drohte ein Krieg zwischen den protestantischen Niederlanden und dem erzkatholischen Spanien wieder aufzuflammen (seit 1568 kämpften die Niederlande um ihre Unabhängigkeit von Spanien).

1617 wurde der katholische Erzherzog Ferdinand II. (1578–1637) von den Habsburgern zum böhmischen König gewählt. Ferdinand leitete massive Rekatholisierungsmaßnahmen ein und beschnitt die Macht der Stände. Zu den Maßnahmen der Gegenreformation gehörte auch das Schließen von protestantischen Kirchen. Die böhmischen Stände reagierten mit Ungehorsam. 1618 trafen sie sich trotz des bestehenden Verbots in Prag zu einer Versammlung, aus der ein Tumult entstand. Drei Tage später, am 23. Mai 1618, begaben sich einige Standesvertreter zur Prager Burg und warfen nach einem Streitgespräch die königlichen Statthalter aus dem Fenster; dies wird als „Prager Fenstersturz" bezeichnet. Danach wählte ein Gremium der Stände einen neuen König und erklärte Erzherzog Ferdinand für abgesetzt. Als Nachfolger wurde der Calvinist Friedrich V. von der Pfalz (1596–1632) eingesetzt, wodurch der Bruch mit den Habsburgern endgültig vollzogen wurde.

Prager Fenstersturz

Fast zeitgleich wurde der in Böhmen abgesetzte Erzherzog Ferdinand von den deutschen Kurfürsten zum Kaiser gewählt. Um die Einheit des Reiches wiederherzustellen, vergewisserte sich Kaiser Ferdinand der Unterstützung Spaniens und Herzog Maximilians I. von Bayern; er stärkte die katholische Liga, auch durch ein Neutralitätsabkommen mit der protestantischen Union. Nach schon seit 1618 stattfindenden Scharmützeln begann mit dem Einmarsch des kaiserlichen Heeres in Böhmen im Jahr 1620 endgültig der Dreißigjährige Krieg.

Stationen des Kriegs

böhmisch-pfälzischer Krieg **1618–1625**	Das kaiserliche Heer unter ihrem Feldherrn Johann Tserclaes Graf von Tilly (1559–1632) besiegt die militärisch unterlegenen böhmischen Truppen, die keine Unterstützung von anderen protestantischen Fürsten des Reiches bekamen. Ferdinand II. verleibt die böhmischen Länder wieder der habsburgischen Monarchie ein.
niedersächsisch-dänischer Krieg **1625–1629**	Dänemark unter König Christian IV. tritt auf Seiten der Kurpfalz in den Krieg ein, nicht nur um den deutschen Protestanten zu helfen, sondern auch um sich gegenüber Schweden als Großmacht zu generieren und um seine territorialen Ansprüche in Norddeutschland zu verwirklichen. Das dänische Heer unterliegt jedoch den Heeren des Kaisers unter Tilly und Albrecht von Wallenstein (1583–1634). Der Friede von Lübeck wird 1629 geschlossen; Dänemark scheidet damit aus dem Krieg aus. Der Kaiser ist nun auf dem Höhepunkt seiner Macht und nutzt diesen zu einer Revision der konfessionellen Ordnung im Reich. So wird 1629 das Restitutionsedikt erlassen, das die Wiederherstellung des säkularisierten Kirchenbesitzes verlangt. Diese Rekatholisierungspolitik lässt den Widerstand der protestantischen Reichsstände wachsen, die um Unabhängigkeit und Pfründe fürchten. Aber auch katholische Fürsten fürchten um ihren Besitz, da sie ebenfalls von der Säkularisierung profitierten.

schwedischer Krieg **1630–1635**	1630 marschieren schwedische Truppen unter ihrem (protestantischen) König Gustav Adolf ins Reich ein. Protestantische Fürsten verbünden sich mit den Schweden in großer Zahl. 1631 und 1632 erringen die Schweden zahlreiche Siege gegen die kaiserlichen Truppen. Bei ihrem Sieg bei Rain am Lech wird der kaiserliche Feldherr Tilly tödlich verwundet. Zum Retter des kaiserlichen Heeres avanciert Wallenstein (der am 25. Februar 1634 ermordet wird); am 17. November 1632 fällt Gustav Adolf bei Lützen. Unter seinem Nachfolger, Herzog Bernhard, verlieren die Schweden und ihre Verbündeten am 6. September 1634 die Schlacht bei Nördlingen. Daraufhin schließen die meisten protestantischen Fürsten Frieden mit dem Kaiser (Frieden von Prag, 30. Mai 1635).
schwedisch-französischer Krieg **1635–1648**	Hierbei handelt es sich um die längste Phase des Krieges, Frankreich und Schweden versuchen gemeinsam, das Reich niederzuringen. Religiöse Motive spielen in dieser Kriegsphase kaum noch eine Rolle, es geht um die Vorherrschaft in Europa. Diese Kriegsphase führt zunächst zu zahlreichen militärischen Niederlagen des Kaisers, mündet aber am Ende in einem Patt. Schließlich endet der Krieg am 24. Oktober 1648 mit dem Westfälischen Frieden im Jahr 1648.
Westfälischer Friede **1648**	An den jahrelangen Verhandlungen, die dem Westfälischen Frieden vorausgingen, waren Vertreter fast aller Kriegsparteien beteiligt. Am Ende stand ein völkerrechtlicher Vertrag, der auch Reichsgrundgesetz wurde. Die Macht des Kaisers wurde eingeschränkt zugunsten der Reichsstände; die Zersplitterung des Reiches in souveräne Einzelstaaten wurde festgeschrieben. Als Hauptverlierer sind somit der Kaiser, das Reich als Ganzes und der Papst zu nennen; Hauptgewinner sind Frankreich und Schweden.

2.3 Angaben und Erläuterungen zu wesentlichen Werken

ZUSAMMENFASSUNG

Der *Abenteuerliche Simplicissimus Teutsch* steht im Kontext eines Gesamtwerks, das Grimmelshausen in seiner Vorrede zum *Satyrischen Pilgram* (1666) als ein Werk ankündigt, das sich „ad finitum" erstreckt: der sogenannte *simplicianische Zyklus*.

Erstausgabe im Jahr 1668

Die Erstausgabe des *Abenteuerlichen Simplicissimus Teutsch* (1668) umfasst fünf Bücher. Ein Jahr später (1669) erscheint die *Continuatio des abenteuerlichen Simplicissimus oder der Schluss desselben* (6. Buch), 1670 die Lebensgeschichten der *Landstörtzerin Courasche* und des *Seltzamen Springinsfeld* (als 7. und 8. Buch), 1672 und 1675 die beiden Teile des *Wunderbarlichen Vogelnestes* (als 9. und 10. Buch).

Erzählzyklus mit insgesamt zehn Bänden

Die Bücher sieben bis zehn sind Sprossgeschichten, die an Episoden des *Simplicissimus* anknüpfen und in denen einstmalige Nebenfiguren aus ihrer Perspektive berichten. Der ganze Zyklus umfasst 1836 Druckseiten, der *Simplicissimus* allein 782 Seiten[4]. Aus einer Äußerung des Autors geht hervor, dass im Mittelpunkt der einzelnen Erzählwerke des *Zyklus* die Darstellung der Probleme und verkehrten Zustände im Deutschland des 17. Jahrhunderts stehen, die jeweils aus den eingeschränkten, individuell befangenen Perspektiven unterschiedlicher Lebensgeschichten der einzelnen Erzähler thematisiert werden. Für Grimmelshausen ist das Zusammenspiel dieser unterschiedlichen Erzählerperspekti-

4 Vgl. Breuer, S. 34.

ven entscheidend, wenn er erklärt, dass „alles von diesen Simplicianischen Schriften aneinander hängt / und weder der gantze Simplicissimus, noch eines auß den obengemeldten letzten Tractätlein allein ohne solche Zusammenfügung genugsam verstanden werden mag.“[5]

1668	1669	1670	1670	1672	1675
Der Abenteuerliche Simplicissimus Teutsch	***Continuatio***	*Landtstörtzerin Courasche*	*Seltzamer Springinsfeld*	*Wunderbarliches Vogelnest I*	*Wunderbarliches Vogelnest II*
Buch 1 bis 5	**Buch 6**	**Buch 7**	**Buch 8**	**Buch 9**	**Buch 10**

5 Ebd.

3. TEXTANALYSE UND -INTERPRETATION

3.1 Entstehung und Quellen

ZUSAMMEN-FASSUNG

1648–1666	*Der abenteuerliche Simplicissimus* entsteht als erster Abschnitt des prinzipiell auf Unabschließbarkeit hin angelegten *simplicianischen Zyklus*.
1668	erscheint *Der Abenteuerliche Simplicissimus Teutsch* auf der Frankfurter Ostermesse unter dem verschlüsselten Herausgebernamen German Schleifheim von Sulsfort.

Grimmelshausen gilt als Autodidakt; er eignete sich sein Wissen selbstständig an. Zu seinen Quellen gehörten spanische Erbauungsschriften, die antike Philosophie sowie historische Nachschlagewerke der Zeit.

Entstehungszeit des Romans

Die genaue Entstehungszeit des *Abenteuerlichen Simplicissimus Teutsch* ist nicht nachweisbar. Verschiedenen Aussagen des Verfassers kann entnommen werden, dass der *Simplicissimus* als ein erster Abschnitt des prinzipiell auf Unabschließbarkeit hin angelegten *simplicianischen Zyklus* nach 1648/1649 Gestalt annimmt[6]. In der Quellenforschung werden lediglich einzelne Arbeits- und Überarbeitungsphasen eingegrenzt, indem die Orientierung Grimmelshausens an seinen Quellen im Zusammenhang mit deren Erscheinungsdatum rekonstruiert wird. So wird für die Ausarbeitung des satirisch-ironischen Erzählstils Grimmelshausens Kenntnis des Romans *Francion* von Charles Sorel (1602–1674) in der deutschen

---

6 Vgl. ebd., S. 45.

Übersetzung von 1662 vorausgesetzt, sodass man das Jahr 1662 als Eckpunkt für eine entscheidende Phase der Überarbeitung des *Simplicissimus* ansetzt.[7] 1665/1666 scheint der Roman weitgehend abgeschlossen gewesen zu sein, da der Autor im zweiten Teil des *Satyrischen Pilgram* (1666) auf seinen *Simplicissimus*-Roman verweist[8].

1668 (mit Vorausdatierung auf 1669) erscheint *Der Abenteuerliche Simplicissimus Teutsch* auf der Frankfurter Ostermesse unter dem verschlüsselten Herausgebernamen *German Schleifheim von Sulsfort.* Dieses Anagramm wurde erst im Jahre 1837 entschlüsselt[9].

Die meisten seiner Kenntnisse hat Grimmelshausen – unabhängig von seiner relativ kurzen Zeit als Lateinschüler bis zu seinem 12. Lebensjahr in Gelnhausen – während seiner Soldatenzeit erworben, weshalb er im Gegensatz zu dem zum Gelehrten ausgebildeten Barocklyriker Andreas Gryphius (1616–1664) als Autodidakt gilt[10]. Seine Werke schreibt Grimmelshausen neben seinen Tätigkeiten als Verwalter, Gastwirt und Schultheiß.

Grimmelshausens Quellen

Aufgrund der zahlreichen Quellen Grimmelshausens, die von der Forschung nachgewiesen wurden, erweist sich der Autor des *Simplicissimus* als einer der gelehrten Dichter seiner Zeit. Für die Epoche des Barock waren nicht Originalität oder Spontaneität Qualitätsmerkmale eines Dichters, sondern Wissen, Kenntnisse und Gelehrsamkeit[11]. Zu Grimmelshausens Quellen gehören u. a. spanisches Erbauungsschrifttum (Antonio de Guevara), Texte der Antike (die *Ars Poetica* von Horaz), astrologische und historische

---

7 Vgl. ebd., S. 45 f.
8 Vgl. ebd.
9 Grimmelshausen (Hamburger Lesehefte), S. 477.
10 Ebd.
11 Vgl. Meid, S. 87.

Werke ebenso wie verschiedene Nachschlagewerke (z. B. die *Piazza Universale* des Tommaso Garzoni, erstmals 1619 erschienen)[12]. Großen Einfluss auf Grimmelshausens Roman haben auch die deutschen Übersetzungen spanischer Picaro-Romane, wie *La Vida de Lazarillo de Tormes* (1554, in deutscher Übersetzung 1617 erschienen) oder *Guzmán de Alfarache* (1599) von Mateo Alemáns in der Bearbeitung von Aegidius Albertinus.

Tradition des niederen Romans

Grimmelshausens *Simplicissimus* steht in der Tradition des niederen Romans, der sich im 16. Jahrhundert in zwei verschiedenen Untergattungen entwickelte: dem spanischen Picaro-Roman (Schelmenroman) und dem französischen *roman comique.* Im Gegensatz zum Ritterroman steht im Picaro-Roman ein „Picaro", ein gemeiner Kerl mit üblem Lebenswandel, im Mittelpunkt, der im Verlauf seines Weges durch Sünde, Reue und Buße dem Leben entsagt und sich zum Eremiten bekehrt.

---

12 Vgl. Meid, S. 87; Breuer, S. 46.

3.2 Inhaltsangabe

ZUSAMMEN-FASSUNG

In fünf Büchern erzählt der Protagonist Melchior Sternfels von Fuchshaim, genannt Simplicius Simplicissimus, die zentralen Episoden und Abenteuer seines Lebenswegs vor dem Hintergrund des Dreißigjährigen Kriegs.

Nach dem Tod seiner Eltern lebt Simplicius in völliger Unwissenheit, ohne Kenntnis seiner adeligen Abstammung und seines Namens auf einem Bauernhof im Spessart. Erst durch einen Einsiedler, der ihn nach dem Überfall des Hofes durch Soldaten bei sich aufnimmt, lernt er, die Welt um sich herum zu begreifen. Nach dessen Tod muss er jedoch den Wald verlassen und in der Welt bestehen. Hier erlebt er verschiedene Abenteuer, insbesondere unter deutschem und schwedischem Militär. Unter anderem wird er Dragoner, der gefürchtete „Jäger von Soest", als der er viele moralische Verfehlungen begeht, welche die Grundlage für seine spätere Reue und Weltabkehr sind. Zuletzt erfährt Simplicius die Wahrheit über seine Familiengeschichte und Herkunft, bevor er sich, wie einst sein wirklicher Vater, der verstorbene Einsiedler, in den Spessarter Wald zurückzieht.

Erstes Buch

Das erste Buch behandelt die Jugend und Herkunft des jungen Simplicius als unwissender Tor von einem Hof im Spessart und seine Zeit der christlichen Unterweisung. Diese erhält er von einem Einsiedler im Wald, der – wie er im fünften Buch erfährt – sein leiblicher Vater und adelig ist.

1. Kapitel

Der Ich-Erzähler erinnert zunächst an jene einfachen Menschen, die aus Geltungssucht etwas Besseres darstellen wollen, obwohl sie in Wahrheit nur von Tagelöhnern oder Eselstreibern abstammen. Der Erzähler gesteht, dass auch er sich oft eingebildet hat, Kind eines bedeutenden Herrn zu sein. Er beschreibt zunächst seinen Vater (den „Knan“, HL S. 5/R S. 5), dessen Tätigkeit sowie den Hof. Dabei vergleicht er seine Herkunft ironisch mit der eines Fürsten, sein Elternhaus mit einem Palast. Geboren wurde er im Spessart. Der Erzähler deutet an, dass er weder Schulbildung noch eine theologische Ausbildung hat. Er beschreibt sich als zehnjährigen Jungen, der völlig unwissend ist, Gut und Böse noch nicht unterscheiden und nur die Sackpfeife spielen kann. Schließlich wird ihm – quasi als Abschluss der Kindheit – von seinem Vater eine Aufgabe zugewiesen.

2. Kapitel

Der Erzähler beschreibt die erste „verantwortungsvolle“ Tätigkeit, die ihm sein Vater angetragen hat. Er soll die Schafe hüten und dabei die Sackpfeife spielen, um so die Wölfe fernzuhalten. Diese Tätigkeit schildert er als den Anfang einer großen Karriere, wobei er an bedeutende Charaktere aus der Bibel erinnert, die ebenfalls einmal Hirten gewesen waren. Er wundert sich, dass er nie einen Wolf bei seiner Herde gesehen hat, und stellt den Sinn seines Handelns vor seinem Vater infrage. Dieser weist ihn eindringlich auf die Wichtigkeit seiner Hütetätigkeit hin, was der Erzähler jedoch nicht versteht.

3. Kapitel

Der Erzähler beschreibt seine Reaktion auf die Zurechtweisung durch den Vater: Er fängt an, noch lauter die Sackpfeife zu spielen und zusätzlich ein Lied zu singen, welches ihm seine Mutter (die

Dreißigjähriger Krieg. Raubende Soldateska, Holzstich nach einer Radierung von H. U. Franck. © akg-images

„Meuder“) beigebracht hat. Während er das Lied singt, nimmt er einen Trupp Soldaten wahr, den er aufgrund seiner Unwissenheit für jene Wölfe hält, von denen ihm sein Knan erzählt hat. Er versucht, weiter seinem Tagewerk nachzugehen, wird jedoch von den Soldaten kurzerhand mitgenommen. Die Soldaten reiten mit ihm zum heimischen Hof. Er wundert sich, dass niemand auf dem Hof ihn und die Soldaten willkommen heißt.

4. Kapitel

Überfall auf Dorf und Hof

Der Erzähler erklärt, warum er die Gräuel auf dem Hof und im Dorf, deren Zeuge er wird, als von Gott gegeben betrachtet. Dies habe er aber erst im Verlauf seiner Entwicklung verstanden, denn zu diesem Zeitpunkt habe er außer seinem Hof nichts gekannt, sei er nur der Gestalt nach ein Mensch, im Grunde aber eine „Bestie“, ein Tier, gewesen.

Im Anschluss beginnt der Erzähler, die Ereignisse auf dem Hof zu beschreiben. Der Hof und das übrige Dorf werden geplündert, zerstört und die Einwohner gefoltert, während er selbst Hilfstätigkeiten für die Soldaten verrichtet. Seinem Vater widerfährt eine etwas mildere Behandlung; er wird so lange gekitzelt, bis er verrät, wo er sein Geld versteckt hat. Schließlich rät eine Magd, die offenbar vergewaltigt wurde, dem Erzähler zur Flucht, da ihn sonst die Reiter mitnehmen würden.

5. Kapitel

Flucht in den Wald

Der Erzähler folgt dem Rat der Magd und flieht in den Wald, da er keinen anderen Ort kennt. Er versteckt sich zunächst im Unterholz nahe dem Dorf und schläft ein. Als er aufwacht, sieht er sein Elternhaus in Flammen stehen. Er begibt sich zum Hof, in der Hoffnung, jemand von seinen Leuten wäre da, wird aber gleich von den Reitern gestellt. Die Reiter schießen auf ihn, und vor Schreck fällt er zu Boden. Da die Reiter ihn für tot halten, lassen sie ihn liegen. Nachdem sich der Erzähler von dem Schreck erholt hat, läuft er wieder in den Wald und irrt in dem ihm unbekannten Gelände verängstigt herum, bis er schließlich, von Hunger, Durst und Angst geplagt, in einem hohlen Baum einschläft.

6. Kapitel

Begegnung mit dem Einsiedler

Während er in dem Baum liegt, hört der Erzähler eine Stimme, die betet. Die Bedeutung der Worte, die er hört, begreift er nicht, dennoch verlässt er vor Hunger und Durst den Baum. Er sieht einen alten Mann, dessen wildes Äußeres ihm Angst macht, sodass er ihn für den von seinem Knan angekündigten Wolf hält. Um diesen zu vertreiben, bläst er in seine Sackpfeife, die er bei sich trägt. Gleichzeitig zieht er sich wieder in den Baum zurück. Der Mann – ein Einsiedler – erschrickt, sieht aber, wohin der Erzähler sich zurückzieht. Schließlich wird der Erzähler ohnmächtig.

7. Kapitel

Der Erzähler wacht mit dem Kopf auf dem Schoß des Einsiedlers auf, erschrickt und schreit. Der Einsiedler versucht, ihn zu beruhigen, doch der Erzähler schreit weiter und wirft dem Einsiedler vor, ein Wolf zu sein, der ihn fressen wolle. Dem Einsiedler gelingt es, den Erzähler zu beruhigen, woraufhin sie gemeinsam in die Hütte des Einsiedlers gehen. Der Erzähler isst und schläft ein. Um Mitternacht wacht er wieder auf und hört den Einsiedler singen. Der Erzähler beschreibt den Gesang als wohltuend und schläft wieder ein, bis der Einsiedler ihn schließlich weckt. Als dieser ihm eine Wegbeschreibung zurück ins Dorf zu seinen Leuten anbietet, kann der Erzähler mit den Wörtern „Dorf", „Leute" und „Menschen" nichts anfangen, weil er deren Bedeutung nicht kennt. Auch andere Wörter, die der Einsiedler sagt, sind ihm fremd, woraufhin der Einsiedler beschließt, den Erzähler zu unterrichten.

8. Kapitel

Der Erzähler und der Einsiedler führen einen Dialog, in dem deutlich wird, dass der Erzähler sehr ungebildet ist. So stellt sich heraus, dass er weder die Bedeutung der Worte „Mutter" und „Vater" kennt, noch die Namen der beiden oder seinen eigenen. Er kann auch nichts mit religiösen Begriffen anfangen. Dann erzählt der Erzähler dem Einsiedler, was im Hof seiner Eltern vorgefallen ist, woraufhin dieser ihm den Namen *Simplici* (= der allzu Einfältige) gibt und beschließt, seinen Schützling wieder zu Menschen zu bringen.

9. Kapitel

Nach einigen Wochen entschließt sich der Einsiedler, Simplicius vorerst bei sich zu behalten. Er unterrichtet ihn zunächst in religiösen Dingen; der Erzähler erfährt vom Fall Luzifers, von den zehn Geboten und den Evangelien. Simplicius erzählt aus seiner

Rückschau, dass er sich in seiner Naivität wie eine unbeschriebene Tafel vorkommt, die nun vom Einsiedler beschrieben wird. Außerdem baut er mit dem Einsiedler eine Hütte für sich.

10. und 11. Kapitel

Simplicius lernt das Lesen und Schreiben sowie die Tagesarbeit des Einsiedlers; außerdem gehen beide zur Messe in ein Dorf, in dem der Pfarrer ein Bekannter des Einsiedlers ist.

12. Kapitel

Tod des Einsiedlers

Nachdem sie zwei Jahre zusammen verbracht haben, kündigt der Einsiedler Simplicius seinen baldigen Tod an und gibt eine Zusammenfassung über die Entwicklung des einfältigen Burschen innerhalb dieser zwei Jahre. Simplicius beginnt zu weinen und bricht zusammen. Der Einsiedler gibt ihm zu verstehen, dass sein Leben nun einmal zu Ende sei, und dass dies in seinem Alter gut so sei. Er rät dem Erzähler, sich die Menschen genau auszusuchen, mit denen er sich umgeben wird, und gibt ihm weitere Ratschläge. So solle dieser immer sich selbst erkennen, beständig bleiben und schlechte Gesellschaft meiden. In diesen Erkenntnissen erkennt Simplicius die Gründe, warum sich der Einsiedler von der Welt zurückgezogen hat. Nach dem Gespräch beginnt der Einsiedler, sein Grab auszuheben, und bittet Simplicius, den er nun Sohn nennt, ihn zu beerdigen. Simplicius weint. Der Einsiedler legt sich in sein Grab und stirbt, was Simplicius zunächst so nicht wahrnimmt. Erst als er nach Stunden begreift, dass etwas nicht stimmt, springt er in das Grab und versucht, den Einsiedler aufzuwecken. Erst dann versteht er, dass dieser tot ist, und beginnt weinend, ihn zu begraben.

13. und 14. Kapitel

Simplicius beschließt, zunächst im Wald zu bleiben, verspürt jedoch bald Abenteuerlust. Er will darüber mit dem Pfarrer des nahen Dorfes reden und begibt sich zu ihm. Als er sich dem Dorf nähert, wird er Zeuge, wie schwedische Soldaten dieses überfallen und die Bewohner misshandeln. Er findet den gepeinigten Pfarrer, kann jedoch weder Rat noch Hilfe von ihm bekommen. Daraufhin entschließt er sich, in den Wald zurückzukehren, wo er auf versprengte Soldaten trifft, die er aus dem Wald führt.

15. Kapitel

Traum vom Ständebaum

Nachdem Simplicius zu seiner Behausung zurückgekehrt ist, findet er diese geplündert und zerstört vor. Während er darüber nachdenkt, was er nun tun solle, wird ihm klar, dass es zwei Arten von Menschen geben müsse: wilde und zahme. Während er darüber nachdenkt, schläft er hungrig ein. Er träumt, dass auf den Wipfeln der Bäume um ihn herum Kavaliere und Soldaten sitzen, weiter unten Handwerker, Bauern und Taglöhner.

16. Kapitel

Simplicius beschreibt den ihm im Traum erscheinenden Ständebaum, auf dem derjenige das beste Leben hat, der auf den höchsten Ästen sitzt.

17. Kapitel

Simplicius erlebt im Traum den Streit zweier Männer um die Vorrechte des Adels.

18. Kapitel

Als in den (im Traum) bevölkerten Bäumen ein Krieg ausbricht, sich der Kriegsgott Mars zeigt und ganz Europa mit seinen kriegerischen Ästen bedeckt, erwacht Simplicius. Er hebt Bücher auf und findet dabei einen Brief des Einsiedlers, in welchem dieser ihn ermuntert, den Wald zu verlassen und zu dem ihm bekannten Pfarrer zu gehen. Daraufhin macht er sich auf den Weg. Als er müde wird, verbringt er die Nacht in einem hohlen Baum und ernährt sich von Bucheckern. Nach drei Tagen erreicht er Gelnhausen und findet zurückgelassene Lebensmittel, die die geflohenen Bauern nach der Schlacht von Nördlingen liegen gelassen haben.

19. Kapitel

Simplicius geht in die Stadt Gelnhausen, die menschenleer und geplündert ist. Dies erschreckt ihn so sehr, dass er weiter zur Festung Hanau zieht. Hier wird er – äußerlich eine armselige Gestalt mit zerschlissenen Kleidern und ungepflegten Haaren – von Musketieren aufgegriffen.

20. Kapitel

Hanau

Simplicius wird dem Gubernator (= Festungskommandant) von Hanau vorgeführt, denn man verdächtigt ihn, ein Spion der Kaiserlichen zu sein. Man hat bei Simplicius ein Buch und den Brief des Einsiedlers gefunden, der den Gubernator stutzig macht, da er die Handschrift kennt. Simplicius wird zunächst in Ketten ins Gefängnis gebracht, wo er den Pfarrer trifft, der ihm seine Hilfe zusagt.

21. Kapitel

Nachdem der Pfarrer mit dem Gubernator gesprochen hat, wird Simplicius gewaschen und eingekleidet und ebenfalls zum Gubernator geführt. Er bekommt Essen und wird so bevorzugt behandelt, als wäre er ein Graf. Seine Waldkleidung wird als Kuriosität ausgestellt.

22. Kapitel

Simplicius erfährt vom Pfarrer, dass sein Einsiedler der Schwager des Gubernators war. Der Einsiedler war einst ein Edelmann, der nach der Schlacht von Höchst beim Dorfpfarrer aufgetaucht sei und den Tod seiner schwangeren Frau sowie die verlorene Schlacht beklagte. Der Pfarrer gab ihm Unterkunft, und am nächsten Morgen schenkte der Edelmann ihm sein Geld, Schmuck und Pferd und eröffnete ihm seine Entscheidung, als Einsiedler leben zu wollen. Der Knecht des Pfarrers führte ihn zur abgelegensten Stelle des Waldes, wo er seine Hütte errichtete. Nach der verlorenen Schlacht von Nördlingen ist der Pfarrer nach Hanau geflüchtet, wo der Gubernator einen Ring als den seines vermissten Schwagers wiedererkannte, den der Pfarrer einst vom fremden Edelmann geschenkt erhielt. Der Gubernator will Simplicius in seiner weiteren Entwicklung unterstützen und ihn ein Handwerk lernen lassen. Simplicius antwortet, dass es ihm egal sei, was der Gubernator aus ihm mache.

23. und 24. Kapitel

Als Page beim Gubernator

Simplicius tritt als Page in die Dienste des Gubernators. Der einfältige, aber fromme Junge lernt im Lager die Laster des Soldatenlebens kennen. Er lässt sich zu unrechten Dingen anstiften, deren Folgen er zu tragen hat. Einmal wird er bei einem Essen des Gubernators zum Tischdienst eingeteilt.

25. Kapitel

Simplicius beschreibt den Beginn des Mahls als sittlich. Als Folge des zunehmenden Weingenusses wird die Gesellschaft jedoch lauter, vulgärer und manierloser. Als er, da ihm Wein und seine Wirkung unbekannt ist, die Gesellschaft auf ihr Benehmen und die Folgen des Weinkonsums aufmerksam machen will, wird er vom Pfarrer daran gehindert.

26. und 27. Kapitel

Simplicius geschehen an diesem Abend wegen seiner Tölpelhaftigkeit unangenehme Dinge; er benimmt sich aus Angst einer Dame gegenüber ungebührlich, wird verprügelt und in einen Gänsestall gesperrt.

Zweites Buch

Das zweite Buch umfasst die Zeit von Simplicius als Narr am Hof des Gubernators, während der ihm der Hofmeister begegnet und in ihm keinen wirklichen Narren, sondern einen intelligenten Menschen erkennt. Simplicius bewährt sich als Narr, verbringt seine freie Zeit mit dem Hofmeister und freundet sich mit dessen Sohn Ulrich Herzbruder an. Dann beginnt seine Zeit als Soldat im Krieg.

1.–4. Kapitel

Simplicius als Narr

Simplicius flieht aus dem Gänsestall, wird dann aber – nach Fürsprache des Pfarrers – wieder vom Gubernator als Page in Dienst genommen. Der Gubernator entscheidet, Simplicius zum Tischnarren zu erziehen. Der Pfarrer gibt ihm Tipps, wie er die Erziehung überstehen könne, ohne wirklich „närrisch“ zu werden. Soldaten übernehmen seine Erziehung und sperren ihn – in ein Kalbfell gekleidet und mit einer Kappe aus Eselsohren – erneut in den Gänsestall.

7. Kapitel

Simplicius spielt seine Rolle als Kalb und brüllt, woraufhin er dem Gubernator vorgeführt wird. Diesem sagt er, dass er als Kalb nicht in einem Gänsestall leben wolle, und spielt seine Rolle konsequent weiter, eilt beispielsweise zu den Kühen, als ob er an ihnen saugen wolle, und besteht darauf, nur Gras zu fressen. Als Narr nimmt er sich die Freiheit, andere – auch ihm übergeordnete Menschen – zu veralbern, indem er ihnen Spottnamen gibt.

8.–12. Kapitel

Simplicius überzeugt bei einer Tischgesellschaft als kritischer Redner im Narrengewand.

13. Kapitel

Im Anschluss an seinen Auftritt bei der Tischgesellschaft diskutiert man darüber, ob Simplicius nicht besser ein Mensch als ein Narr sein sollte. Simplicius antwortet auf die an ihn gerichteten Fragen und lässt dabei seine Intelligenz durchblicken. Der Gubernator bekommt ein schlechtes Gewissen und fragt sich, ob er mit der „Verwandlung" des Simplicius eine Sünde begangen hat. Der Pfarrer erklärt dem Gubernator, dass eine Rückverwandlung möglich ist und man Simplicius von seinem „Wahn", ein Kalb zu sein, wieder befreien könne.

14.–19. Kapitel

Bevor Simplicius zurückverwandelt werden kann, wird er von kroatischen Söldnern entführt. Er flieht und wird von kaiserlichen Truppen aufgegriffen. Diese bringen ihn ins Magdeburger Lager, wo er – wieder als Narr – in den Dienst eines Obristen tritt. Dieser stellt ihn unter die Aufsicht eines Hofmeisters. Simplicius beschreibt den Hofmeister als frommen, intelligenten Menschen, der allerdings völlig verarmt ist.

20. Kapitel

Ratschläge des Hofmeisters

Der Hofmeister merkt, dass er es bei Simplicius nicht mit einem wirklichen Narren, sondern mit einem intelligenten Menschen zu tun hat. Er verspricht, Simplicius zu helfen, das Narrenkleid ablegen zu können, worauf Simplicius zu ihm Vertrauen fasst und ihm seinen Lebensweg erzählt. Wohlweislich rät der Hofmeister ihm, das Narrenkleid nicht zu schnell abzulegen, da ein solches Handeln schwerwiegende Konsequenzen für ihn haben könnte. Simplicius ist für diesen Rat dankbar. Nach dem Gespräch nähern sich beide einem Marktplatz, auf dem sich Spieler dem Glücksspiel hingeben. Simplicius empfindet eine Mischung von Abscheu und Mitleid; er bezeichnet das Glücksspiel als Gotteslästerung und Dummheit. Der Hofmeister bestärkt ihn in dieser Ansicht, indem er das Geschehen auf dem Marktplatz mit Bibelzitaten kommentiert. Er rät Simplicius, sich grundsätzlich vom Glücksspiel fernzuhalten, da man dort nicht nur sein Geld, sondern auch sein Leben und sein Seelenheil verlieren könne.

21. Kapitel

Freundschaft mit Ulrich Herzbruder

Simplicius bewährt sich weiterhin als Narr und verbringt seine freie Zeit mit dem Hofmeister. Er lernt dessen Sohn, den Musterschreiber Ulrich Herzbruder, kennen und freundet sich mit ihm an. Sie überlegen gemeinsam mit dem Hofmeister, wie Simplicius das Narrenkleid gefahrlos ablegen könne. Simplicius beschreibt außerdem eine Konkurrenzsituation zwischen dem Regimentsschreiber Olivier und dem Sohn des Hofmeisters. Simplicius warnt seinen Freund vor dem missgünstigen Regimentsschreiber; dieser nimmt die Warnung jedoch nicht ernst.

22.–25. Kapitel

Tod des Hofmeisters

Es gelingt dem Regimentsschreiber Olivier, den jungen Herzbruder als Dieb zu denunzieren. Simplicius' Freund fällt in Ungnade und quittiert seinen Dienst, um bei den „Schweden" anzuheuern. Herzbruders Vater, der Hofmeister, stirbt, und Simplicius ist verzweifelt, da er nun wieder allein ist. Er tauscht sein Narrenkostüm gegen Frauenkleider, was dazu führt, dass ihn die Männer im Lager verfolgen.

26. Kapitel

Als er als Mann erkannt wird, kommt Simplicius unter dem Verdacht der Spionage ins Gefängnis. Er wird verhört und beantwortet die Fragen in einer Art und Weise, die es den Verhörenden nicht erlaubt, ein abschließendes Urteil über ihn zu fällen. Man droht ihm mit Folter.

27. Kapitel

Simplicius wird wieder verhört. Man kommt zu dem Schluss, dass er ein Spion ist, und verurteilt ihn zu Folter und Scheiterhaufen. Bevor es zur Vollstreckung des Urteils kommt, wird das Lager angegriffen, und Simplicius findet sich inmitten einer Schlacht gegen die Schweden wieder, die das Lager überrennen. Er überlebt die Schlacht und trifft den jungen (jetzt bei den Schweden dienenden) Herzbruder wieder, der ihn in Sicherheit bringt.

28. Kapitel

Westfalen

Noch während der Schlacht wird Herzbruder gefangen genommen. Simplicius selbst wird Reitknecht und Kürassträger der Schweden. So gelangt er nach Westfalen. Hier wird er von einem kaiserlichen Dragoner gefangen genommen.

29. Kapitel

Sein neuer Herr erweist sich als geizig, sodass Simplicius Mangel leidet, bis er als Gefolgschaft seines Herrn in ein Nonnenkloster geschickt wird, das den Namen „Paradeis" trägt. Simplicius beschreibt, wie gut er von den Nonnen behandelt wird. Sein Herr schickt ihn nach Soest, um etwas zu holen. Auf dem Weg dorthin findet er ein Paket mit Kleidung, die er gern anzieht, da er nur Lumpen trägt. Gut gekleidet kehrt er ins Kloster zurück und wird von seinem Herrn zurechtgewiesen, da Simplicius nun besser gekleidet ist als er selbst. So reitet sein Herr selbst nach Soest, um sich neu einzukleiden. Zurück im Kloster haben beide eine „faule" Zeit, in der Simplicius zwar einige Dienste erledigen muss, sich ansonsten aber entspannt. Zu dieser Zeit lehrt ein Jäger ihm das Jagen; dabei lernt er die Gegend genau kennen.

30. Kapitel

Nachdem sein Herr gestorben ist, bemächtigt sich Simplicius der Hose, in die Dukaten eingenäht sind. Mit diesem Geld rüstet er sich mit Waffen aus und bewährt sich im Kampf, aber auch beim Plündern. Als „Jäger" wird er allmählich berühmt.

31. Kapitel

Simplicius erzählt, wie er mit seinem Hauptmann zum Angriff auf Recklinghausen befohlen wird. Er marschiert gemeinsam mit mehreren Soldaten, muss sich mit diesen aber zunächst verstecken. Die Truppe benötigt Proviant, sodass Simplicius sich entschließt, sich verkleidet mit einem Kameraden in ein nahes Dorf zu begeben, um etwas Essbares aufzutreiben. Sie gehen zum Haus des Dorfpfarrers, der der ehemalige Lehrer des Kameraden ist. Simplicius gibt vor, ein Malergeselle zu sein. Sein Kamerad unterhält sich mit dem Pfarrer, während Simplicius das Dorf ausspäht.

Als er wieder zu seinem Kameraden und dem Pfarrer zurückkehrt, lädt ihn der Pfarrer in die Kirche ein. Auf seinem Weg zur Kirche denkt Simplicius darüber nach, wie sie genügend Lebensmittel stehlen könnten. Ein Gehilfe des Pfarrers wirft ihm vor, in Wahrheit kein Maler, sondern ein Soldat zu sein. Der Pfarrer jedoch glaubt Simplicius und lässt ihn und seine Kameraden ziehen. In der Nacht kehrt er mit sechs Männern seiner Truppe ins Dorf zurück, um die ausgespähten Lebensmittel zu stehlen. Sie stehlen Brot aus einem Ofen; Simplicius bricht über den Schornstein ins Pfarrhaus ein, um Speck zu stehlen. Der Versuch, das Pfarrhaus wieder zu verlassen, misslingt ihm, und der Pfarrer erwacht. Dieser befiehlt seiner Köchin, nachzusehen. Um sie zu vertreiben, verkleidet sich Simplicius in der Küche als Gespenst, indem er sich Ruß ins Gesicht schmiert und Lärm macht. Dennoch wagt sich der Pfarrer in die Küche. Er fragt das „Gespenst“, wer es sei und was es in seiner Küche zu suchen habe. Simplicius gibt sich daraufhin als Teufel aus, der den Pfarrer und die Köchin töten wolle. Schließlich entkommt er auf den Kirchhof und flieht mit seinen Männern zurück ins Lager. Nach dem Gelage ist Simplicius' Trupp gestärkt und kann bei einem Angriff große Beute machen. Simplicius schreibt dem bestohlenen Pfarrer einen Brief, in dem er, der „Jäger“, sich zur Tat bekennt, und legt diesem Brief einen erbeuteten Ring als Entschädigung bei. Ebenso legt er dem Brief 16 Taler für die Bauern bei, von denen er das Brot gestohlen hat. Der Pfarrer antwortet ihm voller Respekt, und mit dieser Vorgehensweise erlangt Simplicius als Jäger großen Ruhm und Reichtum.

Drittes Buch

Im dritten Buch stehen seine Erlebnisse und moralischen Verfehlungen als berühmter und berüchtigter „Jäger von Soest" im Mittelpunkt, als der er zwar immer wieder um Menschlichkeit und Frömmigkeit bemüht ist, dennoch mit seinen Leuten zahlreiche Überfälle begeht und in Verschwendung lebt.

1. und 2. Kapitel

„Jäger von Soest"

Simplicius wird als „Jäger von Soest" berühmt und zwingt einen Rivalen, den „Jäger von Werle", mit List und Tücke zur Flucht.

3. Kapitel

Begegnung mit Jupiter

Simplicius weiß um seine Berühmtheit, beschließt jedoch, wieder ein frommeres Leben zu führen. Er nimmt zwar weiter am Krieg teil, bemüht sich aber um Menschlichkeit, meidet Verschwendungen und spart sein Geld. Dennoch begeht er mit seinen Leuten weiter Überfälle, wobei er zufällig auf einen Mann trifft, den er für einen Fürsten hält. Dieser Mann gibt sich als der Gott Jupiter aus und hat laut Simplicius eine poetische Ader. Er hält den Fremden für einen Narren und nimmt ihn mit. Auf seinen Versuch hin, etwas über Jupiter zu erfahren, erklärt ihm dieser, dass er gekommen sei, um sich das Elend der Menschheit anzusehen und schlechte Menschen zu bestrafen. Simplicius entgegnet, dass er, wenn er die schlechten Menschen strafen wolle, die gesamte Menschheit ausrotten müsse.

4. Kapitel

Jupiter erklärt Simplicius, dass er als Gott die Möglichkeit habe, nur böse Menschen zu bestrafen und die Guten zu verschonen. Hierzu will er einen deutschen Helden erwecken, der alle schlechten Menschen töten und alle guten erhalten soll. Simplicius erwidert, dass ein solcher Held auch Soldaten brauche, und dass dann ein Krieg ausbrechen würde, der Unschuldigen das Leben kosten wird, worauf Jupiter bekräftigt, dass sein Held dies ganz allein, ohne Blutvergießen, durchführen und als Heilsbringer für die Menschheit fungieren wird. Simplicius begreift Jupiters Plan nicht. Jupiter beschreibt die Macht seines Helden, ein glückliches und wohlhabendes Deutschland, wenn der Held einmal seine Arbeit getan hat. Simplicius fragt ihn, was denn dann aus all den Fürsten werde, die gegen ihren Willen ihre Habe verlieren und diesem Helden untergeordnet sein werden. Jupiter entgegnet, dass diejenigen, die die „Säuberung" überleben, die Wahl haben werden, im Land zu bleiben oder aber dieses zu verlassen. Er verspricht ebenfalls, dass dieser Held ein deutsches Reich aufbauen und unter den europäischen Herrschern den Weltfrieden stiften werde.

5. Kapitel

Ein Begleiter des Simplicius mit dem Namen Springinsfeld beginnt, über Jupiter zu spotten, was diesen in Wut versetzt. Simplicius gelingt es jedoch, ihn zu beruhigen. Er fragt Jupiter, wie Deutschland mit seinen verschiedenen Religionen umgehen und Religionskriege vermeiden werde. Jupiter antwortet, dass sein Held alle christlichen Religionen vereine.

6.–16. Kapitel

Simplicius glaubt zunächst, dass Jupiter ihn zum Narren hält und – wie er einst selbst – den Narren nur spielt. Er nimmt Jupiter mit und geht weiter seinen Überfällen nach. Nach seiner Haft aufgrund eines aus Eitelkeit durchgeführten Duells hilft er, eine Stadt zu erobern, und findet einen verborgenen Schatz. Um diesen in Sicherheit zu bringen, schafft er ihn nach Köln und deponiert ihn bei einem Kaufmann. Er nutzt die Gelegenheit, Jupiter bei seiner

Verwandtschaft zu lassen. Auf der Rückreise geraten Simplicius und sein Begleiter in schwedische Gefangenschaft. Er gibt sich als „Jäger von Soest“ zu erkennen und wird nobel behandelt. Weil er jedoch nicht für die Schweden kämpfen will, wird er in der Festung Lippstadt interniert. Er beginnt, über sich, sein Handeln und den Wahnsinn der Welt nachzudenken.

17. Kapitel

Simplicius beleuchtet seine eigene Entwicklung und sein eigenes Handeln kritisch. Bald darf er sich auch außerhalb der Festung bewegen, was er dazu nutzt, sein verstecktes Vermögen einzusammeln.

18. und 19. Kapitel

Ausschweifendes Leben

Simplicius beginnt, ein ausschweifendes Leben zu führen, bildet sich aber auch weiter. Er trifft auf einen Pfarrer, der ihn mit Büchern versorgt, ihn aber auch wegen seines Lebenswandels ermahnt.

20. Kapitel

Simplicius versucht, dem Pfarrer zu gefallen, da er in der Festung nicht in Ungnade fallen will. Er nutzt den Pfarrer als Ratgeber in Bildungsfragen, während dieser versucht, herauszufinden, welcher Konfession Simplicius angehört. Simplicius stellt sich als Universalchrist dar und sagt, dass er mit all den Konfessionen nichts anfangen könne, daher einfach nur Christ sei.

21. Kapitel

Simplicius hat mittlerweile mehrere Liebschaften, bis er sich in die Tochter eines Obristen verliebt. Er kommt ihr näher und darf in ihrem Bett übernachten. Simplicius wird von ihrem Vater mit der

Pistole in der Hand geweckt. Simplicius versucht, den Vater davon zu überzeugen, dass entgegen des äußeren Anscheins nichts geschehen sei, doch dieser schenkt ihm keinen Glauben. Der Pfarrer kommt und schlägt vor, das Beste aus der Situation zu machen und das Paar zu trauen, während der Obrist eher an die Tötung des Paares denkt. Schließlich stimmt der Vater einer Ehe zu.

22.–24. Kapitel

Heirat

Simplicius richtet ein Hochzeitsessen aus und versöhnt sich mit seinem Schwiegervater. Er wird als Offizier in die schwedische Armee aufgenommen. Vorher will er jedoch nach Köln, um seinen Schatz zu holen. Dieser ist aber verloren, da der Kaufmann bankrott ist. Simplicius muss in Köln warten, bis ein sein Vermögen betreffender Rechtsstreit beendet ist.

Viertes Buch

Das vierte Buch präsentiert die Abenteuer und Eskapaden des Helden in Paris, wo er u. a. für seine moralischen Verfehlungen während dieser Zeit der Wollust mit einer entstellenden Krankheit büßt. Nach langer Trennung trifft er zuletzt zufällig seinen Freund Ulrich Herzbruder wieder.

1.–4. Kapitel

Paris

Simplicius lernt in Köln zwei junge Adelige kennen, die zum Sprachstudium nach Paris wollen. Er begleitet diese und überlässt den Rechtsstreit seinem Anwalt. Da er in Paris mittellos ist, nimmt er eine Stelle als Hausmusiklehrer an. Bald ist er wegen seiner musikalischen Künste stadtbekannt, auch bei der höfischen Gesellschaft. Er wird aufgefordert, sich als Privatlehrer vorzustellen. Als er dem nachkommen will, teilt ihm eine alte deutsche Frau mit, dass eine Dame ihn als Mann in Augenschein nehmen will. Davon ist er zuerst nicht begeistert, lässt sich dann aber vorführen. Er wird mit verbundenen Augen in einen edlen Saal geführt, wo er auf die Frau wartet, die ihn treffen will.

5. Kapitel

Simplicius vermutet, dass die Frau mit ihm sexuell verkehren will, und versucht schon im Vorfeld, ihrer Dienerin klarzumachen, dass er verheiratet ist und ihren Absichten daher nicht entsprechen kann. Die Dienerin nimmt ihn nicht ernst; er wird gebadet, edel gekleidet und an einen Tisch gesetzt. Daraufhin erscheinen drei hübsche junge Frauen, die Masken tragen, und setzen sich ebenfalls an den Tisch. Er wird gefragt, ob er Französisch sprechen kann, was er verneint. Nach der Konversation mit der Hausdame verlassen die Damen das Zimmer und wünschen eine gute Nacht. Simplicius muss bei der Dienerin nächtigen und findet im Bett eine der drei hübschen Frauen vor, die ihn verführt, wogegen er sich trotz schlechten Gewissens nicht wehren kann. Er verbringt eine Woche mit den drei Damen. Dann wird er mit verbundenen Augen wieder zurückgebracht, erhält aber eine Bezahlung für seine Dienste.

6. Kapitel

Schwere Krankheit

Simplicius macht mehr Bekanntschaften dieser Art und kommt so zu Geld. Da in Lippstadt der Offiziersposten auf ihn wartet, will er schnellstmöglich wieder dorthin, erkrankt aber auf der Reise an den Kindsblattern (Pocken) und wird bestohlen.

7. Kapitel

Simplicius ist von der Krankheit entstellt, sodass seine Wirkung auf Frauen nicht mehr groß ist. Er beschreibt sich sowie die Auswirkungen der Kindsblattern und fühlt sich einsam, was ihn zum

Nachdenken über seine „verarmte“ Situation bewegt. Schließlich kommt er zu dem Schluss, dass ihn sein Reichtum, den er vorher gewonnen hat, so arrogant hat werden lassen, dass er nun weder Freunde noch Geld hat. Er überlegt erneut, was er tun soll. Er ist erschöpft und sieht so elend aus, dass ihn nicht einmal die Soldatenwerber nehmen wollen. Ein Apotheker verkauft ihm eine Salbe, durch die sich sein Aussehen wieder bessern soll.

8.–10. Kapitel

Simplicius beschließt, das beim Arzt in Paris Gelernte in Geld umzusetzen. Er betrügt Menschen als Quacksalber und wird von kaiserlichen Truppen gefangen genommen. Durch einen Sturz in den Rhein gelingt es ihm, zu fliehen, aber nachdem er von einem Schiff aufgenommen worden ist, nehmen ihn wenig später erneut kaiserliche Truppen gefangen. In der Folge muss er als Musketier dienen.

11. Kapitel

Simplicius als Musketier

Simplicius beschreibt seine Zeit als Musketier sowie seine moralisch verwerfliche Lebensweise. Er gesteht, ein gottloses Leben geführt zu haben, das im Gegensatz zu dem stand, was ihn sein Einsiedler gelehrt hat. Auch geht er nicht in die Kirche, weshalb der Regimentskaplan ihn sprechen will. Dieser nennt ihn einen vorsätzlichen Sünder, da er vom Kaplan keine Hilfe annehmen will. Seine Worte vermögen es aber nicht, Simplicius zum Beichten zu bewegen, teils aus Scham, teils aus Verstocktheit bleibt er stumm.

12. Kapitel

Wiedersehen mit Herzbruder

Simplicius bessert sich nicht und bleibt Musketier, obwohl sein Obrist vor ihm jeden Respekt verloren hat. Er trifft Herzbruder wieder, traut sich jedoch als einfacher Musketier nicht, diesen anzusprechen, stattdessen hinterlegt er einen Brief für ihn. In dem Brief bittet er diesen, ihn aus seiner Situation als Musketier zu befreien. Herzbruder hilft, und Simplicius berichtet, was sich seit ihrem letzten Zusammentreffen zugetragen hat. Herzbruder entgegnet, hätte er gewusst, dass es sich bei dem berühmten Jäger von Soest um seinen Freund Simplicius handelte, hätte er ihm zu einer Kompanie verholfen. Herzbruder legt bei dem verblüfften Obristen ein Wort für Simplicius ein und erhält schließlich die Erlaubnis, Simplicius mit in sein Regiment zu nehmen.

13. Kapitel

Im neuen Regiment verspricht Herzbruder Simplicius einen Kommandoposten. Zuvor verliert Simplicius jedoch seine zwei Pferde und gelangt unter die Merodebrüder – marodierende Truppen, die nicht zur Armee gehören. Er beschreibt diese als einen äußerst üblen Menschenschlag. Kurz darauf wird er von schwedischen Soldaten gefangen genommen.

14. Kapitel

Bei den Schweden erinnert er sich wieder an seine Frau und erhält die Erlaubnis zu einem Besuch in Lippstadt. Er wird auf dem Weg dorthin überfallen, einigt sich aber mit dem Räuber, der ihn sogar einlädt.

15. Kapitel

Simplicius unterhält sich mit dem Räuber; es stellt sich heraus, dass dieser der ehemalige Secretario des Hofmeisters namens Olivier ist, der sich freut, Simplicius wiederzusehen und ihn für sein früheres Betragen um Verzeihung bittet. Olivier erzählt Simplicius von seinem neuen „Wirken"; aufgrund seiner vornehmen Abstammung und der Offenheit, mit der er als Räuber tätig ist, glaubt er, vor einer Bestrafung sicher zu sein.

16. Kapitel

Olivier bietet Simplicius seine Freundschaft und Mitarbeit an. Simplicius beschließt, Olivier auszutricksen, gibt aber vor, vorerst bei ihm bleiben zu wollen, um seine Lebensart auszuprobieren.

17. Kapitel

Am nächsten Morgen geht Simplicius mit dem Räuber auf Beutezug. Er hat Gewissensbisse und fürchtet um sein Seelenheil, geht aber mit auf den Kirchturm eines Dorfes, der Olivier als Aussichtsturm dient. Simplicius merkt an, dass er es als Gotteslästerei empfindet, einen Kirchturm für ein Verbrechen zu verwenden, worauf der Räuber ihm erklärt, dass der Klerus, die Kirche und ihre Gläubigen oftmals selbst Verbrecher seien und er deshalb keinen Grund sähe, die Kirche nicht für seine Zwecke zu nutzen. Schließlich bringt Simplicius ihn dazu, seine Lebensgeschichte zu erzählen.

18.–23. Kapitel

Offen gesteht Olivier, von frühester Jugend an das Leben eines „Erzspitzbuben" geführt zu haben, und Simplicius erfährt, dass Olivier jener Räuber gewesen ist, der ihm unter dem Namen „Jäger von Werle" eine Weile Konkurrenz gemacht hat, verschweigt dies jedoch.

24. Kapitel

Im Anschluss an einen erfolgreichen Überfall zieht der Räuber Simplicius ins Vertrauen darüber, wo man die Beute aufbewahren könne. Simplicius näht das erbeutete Geld in zwei Unterkleider ein. In der folgenden Nacht werden sie von Soldaten überrascht. Sie können die Angreifer zwar töten, Olivier stirbt jedoch beim Kampf. Simplicius nimmt dessen Anteil, verlässt die Hütte und überlegt einmal mehr, was er nun anfangen solle.

25. Kapitel

Simplicius zwingt einen Bauern, ihn nach Villingen zu führen. Hier erschleicht er sich das Vertrauen des kaiserlichen Kommandanten und erhält einen Pass. Nun denkt er darüber nach, wie er nach Lippstadt kommen könnte. In einem Gasthaus trifft er auf eine zerlumpte Gestalt. Simplicius sorgt dafür, dass sich diese Gestalt am Ofen aufwärmen kann, und bemerkt, dass es sich bei dem Fremden um seinen Freund Herzbruder handelt. Die beiden Freunde fallen sich in die Arme.

26. Kapitel

Simplicius pflegt Herzbruder und erfährt die Gründe seines Abstiegs: Eine Schlacht ging verloren, und Herzbruders Herr fiel beim Kaiser in Ungnade.

Fünftes Buch

Mit seinem Freund Ulrich Herzbruder unternimmt Simplicius im fünften Buch u. a. eine Wallfahrt nach Einsiedeln. Es folgt die Zeit der Erkenntnis seiner Herkunft und wahren Identität. Er tut Buße für seine Verfehlungen, bereist die Welt und entscheidet sich zuletzt, vom übermächtig werdenden Weltschmerz gequält, für einen Rückzug als Einsiedler in die Einsamkeit des Spessarts, so wie es einst sein leiblicher Vater getan hat.

1. Kapitel

Nach Herzbruders Genesung beschließen beide, eine Wallfahrt nach Einsiedeln zu machen. Simplicius läuft ohne innere Einkehr mit, wird aber nachdenklich, nachdem Herzbruder seine Heuchelei durchschaut und ihn zur Buße ermahnt. Simplicius beklagt seine verlorene Unschuld.

2. Kapitel

Sie erreichen Einsiedeln und gehen in eine Kirche, vor der gerade ein Exorzismus stattfindet. Zu Simplicius' Erstaunen beschimpft ihn der „Geist" vor den Zuhörern wegen seiner begangenen Missetaten und hat offenbar intime Kenntnis von Simplicius' Leben. Nachdem Herzbruder hinzukommt, beruhigt der Freund die umstehenden Leute und versichert, dass Simplicius zwar kein Heiliger, aber doch kein so übler Kerl sei, wie ihn der lügnerische Geist dargestellt habe. Simplicius selbst empfindet in diesem Augenblick tiefe Reue für seine Missetaten. Er bekennt sich öffentlich zur katholischen Kirche, beichtet und empfängt die Absolution. Allerdings ist nicht eine neu erwachte Liebe zu Gott der Ursprung seiner Bekehrung, sondern die Angst vor der Verdammnis. Nach einiger Zeit gehen er und Herzbruder nach Baden.

3. und 4. Kapitel

Sie verbringen den Winter in Baden und gehen im Anschluss nach Wien, wo sie beide wieder in die Dienste des Kaisers treten. Simplicius bekommt eine Hauptmannsstelle. Beide werden in einer Schlacht verwundet, Herzbruder so schwer, dass er eine Kur machen muss. Um ihn zu begleiten, quittiert Simplicius den Dienst.

5. Kapitel

Simplicius und Herzbruder reisen in den Schwarzwald, wo sich Simplicius entscheidet, seine Frau zu besuchen. Unterwegs kommt er nach Köln und erkundigt sich nach seinem Gerichtsverfahren. Er trifft Jupiter wieder, den er nach dem Fortgang seines Prozesses fragen will, erhält aber keine sinnvolle Antwort und reist nach Lippstadt weiter. Dort erfährt er, dass seine Frau bei der Geburt eines Sohnes gestorben und sein Vermögen bereits dem Sohn übergegeben worden ist. Nachdem er seinen Sohn noch gesehen hat, verlässt er unerkannt Lippstadt.

6. und 7. Kapitel

Simplicius kehrt zu Herzbruder zurück und findet diesen krank vor. Herzbruder stirbt, was Simplicius dazu veranlasst, sich für einen Rückzug in die Einsamkeit zu entscheiden. Allerdings lernt er ein hübsches Bauernmädchen kennen und verliebt sich.

8. Kapitel

Simplicius erfährt seine wahre Herkunft

Simplicius kauft sich von seinen Ersparnissen einen Bauernhof und heiratet das Bauernmädchen, das sich jedoch als dumm und faul herausstellt, was Simplicius zur Untreue veranlasst. Er trifft einen Bauern; es stellt sich heraus, dass es sich um seinen Vater, den „Knan“ aus dem Spessart, handelt. Simplicius erfährt, dass dieser nicht sein wirklicher Vater ist, sondern dass er selbst von edlem Blut ist, seine leiblichen Eltern tot sind und sein wirklicher Name Melchior Sternfels von Fuchshaim ist. Nach dem Mansfelder Krieg habe er im Wald eine junge, schwangere Edelfrau gefunden, die beim Knan entbinden konnte. Ehe sie im Kindbett starb, verriet sie ihm den Namen des Vaters. Er hieß Kapitän Sternfels von Fuchsheim, die Mutter Susanna Ramsi. Jetzt erst erkennt Simplicius, dass der verstorbene Einsiedler sein wirklicher Vater gewesen war, und gibt sich seinem Ziehvater zu erkennen.

9.–13. Kapitel

Simplicius reist mit seinem Ziehvater in den Spessart, um Unterlagen über seine Herkunft zu besorgen. Unterdessen erliegt seine Frau dem Alkoholismus, sie und das gemeinsame Kind sterben. Simplicius ist wieder allein. Der verwahrloste Hof wird von Simplicius’ Pflegeeltern übernommen. Als Simplicius Gerüchte über den

Mummelsee hört, reist er dorthin und wird vom Fürst der Seegeister in die Mitte der Erde geführt.

14. Kapitel

In der Mummelsee-Episode machen ihm die Seegeister – die sogenannten Sylphen – Vorwürfe über das Handeln der Menschheit.

Mummelsee-Episode

15. Kapitel

Simplicius wird in der Unterwasserwelt dem Sylphenkönig vorgeführt, der ihn nach der moralischen Entwicklung der Menschheit fragt und von Simplicius in Erfahrung bringen will, ob das Jüngste Gericht nahe sei, denn dieses würde auch den Untergang für das Sylphenreich im Mummelsee bedeuten. Simplicius hält eine lange Rede, in der er dem Sylphenkönig das Märchen von einer zum Guten geläuterten Menschheit aufbindet.

16.–22. Kapitel

Simplicius erhält als Abschiedsgeschenk der Sylphen einen Wunderstein, mit dem er eine Mineralquelle sprudeln lassen kann. Wieder an der Oberfläche, lässt er den Brunnen am falschen Ort sprudeln, im Wald. Bald trifft er einen Schweden, der ihn überredet, nach Russland zu gehen. Hier wird er von Tataren entführt, gelangt nach Korea und Japan, dann nach Alexandria, Venedig, Rom und schließlich wieder zurück in den Schwarzwald. Als er nach mehr als drei Jahren heimkehrt, ist der Krieg in Deutschland vorbei. Simplicius bleibt bei seinem Knan und widmet sich den Büchern.

Weitere Reisen und Rückkehr in den Schwarzwald

23. Kapitel

Im Schwarzwald legt er sich Rechenschaft über sein Leben ab. Er gesteht sich voller Verzweiflung und Selbstqual all seine begangenen Sünden ein. Er sieht sich trotz all seiner Erlebnisse als armen Mann, dem nichts geblieben ist. Ihn quälen düstere Gedanken.

24. Kapitel

Leben als Einsiedler

Simplicius zitiert eine Schrift, die seinem mittlerweile übermächtig werdenden Weltschmerz Ausdruck verleiht. Diese Schrift bewegt ihn, der Welt zu entsagen und von nun an – wie einst sein richtiger Vater – als Einsiedler im Spessart zu leben.

3.3 Aufbau

ZUSAMMEN-FASSUNG

Der Roman ist aus der Perspektive des Protagonisten Melchior Sternfels von Fuchshaim, genannt Simplicius Simplicissimus, verfasst und als fiktive Autobiografie (Ich-Erzähler) konzipiert. Hieraus ergeben sich die Ich-Erzählsituation und die retrospektive Erzählhaltung. Charakteristisch für die Erzählerebene des *Simplicissimus*-Romans ist das Perspektivenspiel durch den Wechsel und die Konfrontation von erzählendem Ich, das rückblickend aus moralisch-belehrendem Blickwinkel von den ihm auf seinem Lebensweg widerfahrenen Abenteuern berichtet, und erlebendem Ich, das diese Abenteuer und Eskapaden als „fahrender Schelm" selbst erlebt. Prägnante äußere Strukturzüge des Romans sind seine Rahmen- bzw. Kreisstruktur sowie die drei zentralen Erzählebenen mit unterschiedlicher Funktion und Prägung (historisch-unterhaltend, zeitkritisch, religiös-moralisch belehrend). Steht auf der Ebene der Romanhandlung der Lebensweg des Simplicius mit der Suche nach seiner Identität, seinen Abenteuern und Eskapaden im Mittelpunkt, so bilden allegorisch-satirische Episoden, in denen die Handlung zum Stillstand kommt, einen Gegensatz zur „verkehrten", kriegerischen Welt auf der Handlungsebene (Zeitkritik in verkleideter Form).

Der Erzähler – erzählendes und erlebendes Ich

Grimmelshausens Schelmenroman ist aus der Perspektive des Protagonisten Melchior Sternfels von Fuchshaim, genannt Simplicius Simplicissimus, verfasst und als fiktive Autobiografie konzipiert. So kündigt bereits das Titelblatt der Originalausgabe den

Roman als Beschreibung seines Lebens vom „Eingang“ in die Welt bis zu seinem „Ausgang“ aus ihr an:

> „Die Beschreibung des Lebens eines seltsamen Vaganten / genannt Melchior Sternfels von Fuchshaim / wo und welcher Gestalt er nämlich in diese Welt kommen / was er darin gesehen / gelernt / erfahren und ausgestanden / auch warum er solche wieder freiwillig wieder quittiert.“ (HL S. 477/R S. 3)

Erzählperspektiven

Aus der Form der fiktiven Autobiografie ergeben sich die Ich-Erzählsituation und die retrospektive Erzählhaltung. Der Ich-Erzähler berichtet rückblickend aus moralisch-belehrender Perspektive von den ihm auf seinem Lebensweg widerfahrenen Abenteuern. Zugleich ist der Erzähler bzw. das erzählende Ich auf der Ebene der Romanhandlung mit dem erlebenden Ich identisch, das die Unterweisungen des Einsiedlers vernimmt und die verschiedenen Abenteuer und Eskapaden erlebt, wobei es die Perspektive des fahrenden Schelms – des sogenannten Picaro – einnimmt. Die Picaro-Perspektive ist von charakterlichen Eigenarten, wie der Einfältigkeit, und von einer sozial unterprivilegierten Herkunft geprägt[13]. Dies wird gleich zu Beginn des Romans deutlich, wenn der Erzähler seine bäuerliche Herkunft ironisch mit einer königlichen vergleicht:

> „Zwar ohngescherzt, mein Herkommen und Auferziehung lässt sich noch wohl mit eines Fürsten vergleichen, wann man nur den großen Unterscheid nicht ansehen wollte. Was? Mein Knan (dann also nennet man die Vätter im Spessert) hatte einen eignen Palast (...) mit Stroh bedeckt (...) anstatt der Pagen, Lakaien

---

13 Erst später erfährt der Leser, dass der Protagonist in Wahrheit tatsächlich adliger Abstammung ist.

und Stallknecht hatte er Schaf, Böcke und Säu (...) Hacken und Reuten war seine disciplina militaris (...).“ (HL 5 f./R S. 5 ff.)

Geht der Erzähler auch nicht weiter auf seine Genealogie ein, so hebt er sich doch deutlich vom fürstlichen Stand ab:

> „Dass ich aber nichts Ausführliches von meines Knans Geschlecht, Stammen und Namen vor diesmal doziert, beschiehet um geliebter Kürze willen, vornehmlich, weil es ohnedas allhier um keine adeliche Stiftung zu tun ist, (...) genug ist's, wann man weiß, dass ich im Spessert geboren bin.“ (HL S. 6/R S. 7)

Indem beide Perspektiven des Ich-Erzählers miteinander konfrontiert werden, wobei zusätzlich noch der Autor Grimmelshausen selbst auf versteckte Weise im Spiel ist, ergibt sich innerhalb des Romans ein wirkungsreiches Perspektivenspiel[14]. Als rückschauendes Ich kommentiert der Erzähler bedeutende Abenteuer und sein einstmaliges Verhalten. Darüber hinaus involviert er den Leser, indem er auf die zeitlichen Abstände zwischen den Erlebnissen oder auf die Bedeutung bestimmter Erzählpassagen hinweist.

Als erlebender Erzähler berichtet Simplicius die jeweiligen Abenteuer seiner „Histori“ aus eben der erlebenden Perspektive heraus. Im Verlauf der Entwicklung des Protagonisten zum weltabgewandten Einsiedler nähern sich erzählendes und erlebendes Ich zunehmend an, d. h., der zeitliche Abstand zwischen beiden verringert sich. So besitzt zwar bereits der junge Simplicius seit seiner Unterweisung durch den Einsiedler im ersten Buch, als die-

---

14 Der Autor spielt mit der Form der Autobiografie, indem er den Protagonisten-Vaganten Melchior Sternfels von Fuchshaim nennt. Ebenso wie der fiktive Herausgebername German Schleifheim von Sulsfort handelt es sich dabei um ein Anagramm für den Namen Grimmelshausen. Damit wird suggeriert, dass Grimmelshausen sein eigenes Leben erzählt. Vgl. Breuer, S. 30, und Meid, S. 135.

ser aus der „Bestia“ einen „Christenmenschen“ macht, das moralisch-sittliche Wissen, das auch den rückblickenden Ich-Erzähler auszeichnet. Die Spannung entsteht jedoch gerade durch die Unzulänglichkeit des erlebenden Protagonisten, dieses Wissen auf seinem Weg auch in konsequentes Handeln umsetzen zu können[15].

Äußere Strukturzüge

Ähnlich wie das Perspektivenspiel auf der Erzählerebene ist auch der Aufbau des Romans – im Kontext des gesamten simplicianischen Zyklus – komplex, heterogen und unabschließbar[16]. Dennoch lassen sich äußere Strukturzüge und zentrale Erzählebenen herausstellen.

Insgesamt umfasst die gekürzte Version fünf Bücher, die jeweils in einzelne Kapitel unterteilt und von unterschiedlicher Länge sind. Das erste Buch umfasst 34 Kapitel, das zweite Buch 31 Kapitel, das dritte Buch 24 Kapitel, das vierte Buch 26 Kapitel und das fünfte Buch 24 Kapitel. Ordnet man die fünf Bücher bezüglich des Handlungsgangs, so umfasst

- → das erste Buch u. a. die Jugend und Herkunft des unwissenden Toren sowie die Zeit der christlichen Unterweisung beim Einsiedler (seinem leiblichen Vater, wie der Protagonist im fünften Buch erfährt);
- → das zweite Buch beinhaltet die „Narrenzeit“ des Protagonisten und den Beginn seiner Soldatenzeit in der Welt;
- → im dritten Buch geht es um seine Erlebnisse und moralischen Verfehlungen als „Jäger von Soest“;
- → das vierte Buch enthält seine Abenteuer und Eskapaden in Paris, wo er u. a. für seine Verfehlungen mit einer entstellenden Krankheit büßt;

---

15 Vgl. Meid, S. 137.
16 Insgesamt bleibt „offen, ob es überhaupt einen verbindlichen Romanschluss gibt (...).“ Ebd., S. 130.

- das fünfte Buch umfasst schließlich das Wissen um seine wahre Identität, Buße, Weltreise und Weltentsagung.

Kreisstruktur

Die Einsiedlerszenen im ersten Buch sowie am Ende des fünften Buches rahmen den Roman ein und lassen eine Art Kreisstruktur erkennen, wie sich am Verweis auf sein Leben im Spessart zeigt: „[Ich] (b)egab mich (...) in eine andere Wildnus, und finge mein Spesserter Leben wieder an (…).“ (HL S. 377/R S. 149 f.)

Dennoch bekundet der Erzähler Unsicherheit, ob seine Zeit als Einsiedler End- oder nur Zwischenstation in seinem Leben sein wird: Er weiß selbst noch nicht, „(…) ob ich aber wie mein Vatter sel. bis an mein End darin verharren werde (…).“ (HL S. 377/R S. 150). So wird auch das angekündigte Einsiedlerleben selbst nicht mehr beschrieben[17].

Die äußeren Strukturzüge des Romans im Überblick

BUCH 1	BUCH 2	BUCH 3	BUCH 4	BUCH 5
„Paradies“/ Wald	Welt	Welt	Welt	Welt – Wald
Jugend, niedere Herkunft	Narrenzeit	Jäger von Soest	Abenteuer und Eskapaden in Paris	wahre (adlige) Identität
unwissender Ton	Soldatenzeit	Abenteuer und Verfehlungen	Krankheit, Entstellung	Abkehr von der Welt
Belehrung beim Einsiedler				Rückkehr ins Einsiedlerleben

———

17 Erst im später erschienenen sechsten Buch, der *Continuatio*, wird das zum Gegenstand der Handlung.

Erzählebenen

Funktion von Literatur

Über den angedeuteten Rahmen des *Simplicissimus*-Romans hinaus lassen sich innerhalb des heterogenen Erzählkomplexes drei Erzählebenen erkennen, deren Inhalt, Sprachstil und Wirkungsabsicht unterschiedlich akzentuiert sind. Sie orientieren sich an der von Horaz stammenden Formel der Funktion von Literatur, *prodesse et delectare*[18], wie es bereits aus dem Titelblatt der Originalausgabe des Romans hervorgeht, das die Lektüre als „überaus lustig und männiglich nutzlich" (HL S. 477/R S. 3) ankündigt.

Eine dieser Erzählebenen bilden die immer wiederkehrenden Darstellungen der Abenteuer mitsamt ihren derben Einlagen, die primär historisch-unterhaltende Funktion haben. Eine zweite, gezielt zeitkritische Ebene des Romans sind die ironisch-satirischen Kommentare und selbstständigen Einlagen, zu denen auch drastische Einblicke in die Grausamkeiten des Krieges zählen. Zuletzt bilden die moralischen Kommentierungen und Erörterungen des Helden und seines Handelns durch ihn selbst oder durch andere Figuren die religiös-moralisch belehrende Ebene des Romans[19], die sich ebenfalls inhaltlich und sprachlich vom übrigen Erzählkomplex abhebt und deutlich auf die auch belehrende Absicht des Autors verweist.

Die allegorisch-satirischen Episoden im Kontext des Romans

Steht auf der Ebene der Romanhandlung der Lebensweg des Simplicius mit der Suche nach seiner Identität, seinen Abenteuern und Eskapaden im Mittelpunkt, so bilden allegorische Episoden, in denen die Handlung zum Stillstand kommt, einen Gegensatz

---

18 Lat.: „nutzen und unterhalten"
19 Vgl. Nachbemerkung in der Reclam-Ausgabe, S. 163–166.

zur „verkehrten“, kriegerischen Welt auf der Handlungsebene. Im Traum vom Ständebaum (Ständebaum-Allegorie; Buch 1, Kap. 15–18) werden in metaphorisch-karikaturartiger Form die realen, gesellschaftlichen Verhältnisse entstellt. In der Jupiter-Episode (Buch 3, Kap. 3–6) und der Mummelsee-Episode (Buch 5, Kap. 12–16) wird mittels Allegorisierung von Möglichkeiten friedlichen, christlichen Zusammenlebens in „verkleideter“ Form Zeitkritik geübt. Im Hintergrund steht in diesen Episoden die Suche nach Möglichkeiten einer friedlichen Gesellschaftsordnung im Gegensatz zum Leben in einer „verkehrten Welt“, in der „kriegerische“ Scheinchristen mitsamt ihren Gräueltaten das Gebot der Nächstenliebe missachten. Eine derartige Lebensform bleibt jedoch in einer unverbesserlichen Kriegsgesellschaft Wunschdenken und ist – wie es die Rückkehr des Erzählers zum Einsiedlertum zeigt – nur dem Individuum in der Lebensweise des Einsiedlers möglich.

Ständebaum-Allegorie (Buch 1, Kap. 15–18)

Nachdem der junge Simplicius Zeuge der Verwüstung eines Dorfes durch schwedische Reiter geworden ist und ihm auch der von Soldaten misshandelte Pfarrer keinen Rat geben konnte, sinniert er über die „Antipathia“ (HL S. 35/R S. 32) zwischen Bauern und Soldaten, die „einander so grausam verfolgen“ (HL S. 35/R S. 32), und schläft im Wald hungrig und ratlos ein. Im Traum sieht er, wie sich die Bäume um ihn zu einem Sinnbild der militarisierten, ständischen Gesellschaft verändern. Die ersten komplexen Erfahrungen von Simplicius mit der gesellschaftlichen Realität seiner Zeit, deren Alltag von einer sozial ungerechten Ständegesellschaft und von grausamem Kriegsgebaren bestimmt wird, werden ihm selbst in einer Traumvision – und dem Leser auf satirisch-allegorischer Ebene – im sinnlich-fassbaren Bild vom Ständebaum veranschaulicht. Auf den Ästen sitzen die Adligen (die „Cavalliers“), die, statt mit Blättern, mit Soldaten geschmückt sind. An den Wurzeln befinden sich die „ungültigen" Leute: Handwerker und Bauern, die die ganze Last des Baumes tragen müssen, indem sie von der Obrigkeit „ausgepresst" bzw. ihres Geldes beraubt werden:

> „(...) auf jedem Gipfel saße ein Cavallier, und alle Äst wurden anstatt der Blätter mit allerhand Kerlen geziert; von solchen hatten etliche lange Spieß, andere Musketen (...); die Wurzel aber war von ungültigen Leuten, als Handwerkern, Taglöhnern, mehrenteils Bauren und dergleichen, welche nichtsdestoweniger dem Baum seine Kraft verliehen und wieder von neuem mitteilten, wann er solche zuzeiten verlor. (...) der ganze Last des Baumes lag auf ihnen, und druckte sie dermaßen, dass ihnen alles Geld aus den Beuteln (...) herfürging." (HL S. 35 f./R S. 32)

Auf den untersten Ästen über den Wurzeln sitzt das die Landbevölkerung knechtende, militärische „Fußvolk", die „Landsknechte", die ihrerseits zwar „lustiger" als die Bauern und Handwerker, aber auch „trotzig, tyrannisch, mehrenteils gottlos" und somit „der Wurzel jederzeit ein schwerer unerträglicher Last" (HL S. 36/R S. 33) sind. Die untersten Soldaten-Äste umgibt ein Reim über deren ausbeuterisches, gewalttätiges, gottloses Verhalten: „in Summa nur verderben und beschädigen, und hingegen wieder verderbt und beschädigt werden, war ihr ganzes Tun und Wesen" (HL S. 37/R S. 33). Die Soldaten treiben so lange ihr Unwesen, bis sie im Krieg umkommen. Über ihnen befinden sich „alte Hühnerfänger", Soldaten, die dem Tod entlaufen und von der untersten Ebene um einen Grad aufgestiegen sind, darüber wiederum die „Wammesklopfer", die Soldaten, denen es ihr Rang „erlaubt", Infanteristen zu prügeln. Der Stamm oberhalb der „Landsknechte", „Hühnerfänger" und „Wammesklopfer" weist ein glattes, astfreies Stück

Ständebaum,
Holzschnitt des
Petrarca-Meisters
© akg-images

auf, das durch „Seifen des Missgunsts" (HL S. 37/R S. 34) – durch Neid und Korruption – glitschig gehalten ist, sodass auch die tapfersten Nichtadeligen innerhalb der militärischen Hierarchie nicht aufsteigen können. Die höheren Positionen bleiben dem Adel vorbehalten. So sitzen über dem glatten Stamm die mit den „Fähnlein", die durch Vetternwirtschaft so weit gekommen sind, und darüber „noch Höhere", die sich an den Kriegssteuern bereichern. Weil jeder gern die Position der Obersten einnehmen würde, „war ein unaufhörliches Gegrabbel und Aufkletterns an diesen Baum" (HL S. 38/R S. 35).

Bild als Bildfolge

In Simplicius' Traum vom Ständebaum wird das Bild zur Bildfolge, wenn sich die Bäume, „deren das ganze Land voll stunde" (HL S. 42/R S. 36), bewegen und zusammenstoßen, sodass plötzlich alle Baumbewohner herunterprasseln und „augenblicklich frisch und tot" (HL S. 42/R S. 36) sind. Diese vielen Bäume verändern sich daraufhin in seiner Traumvision wieder nur zu einem Baum – einem Kriegsbaum –, auf dem der Kriegsgott Mars thront. Durch Neid und Hass, Argwohn und Missgunst, Hochmut und Geiz sägen sich die Bewohner die Äste, auf denen sie sitzen, selbst ab, sodass der Baum die ihm innewohnende Kraft verliert, wie es der Reim auf seinem Stamm erklärt: „Die Steineich, durch den Wind getrieben und verletzet, / Ihr eigen Äst abbricht, sich ins Verderben setzet" (HL S. 42/R S. 36). Zuletzt herrschen auch auf dem Stände-Kriegsbaum das durch „innerliche(n) Krieg" und „brüderlichen Streit" hervorgerufene Chaos („Wird alles umgekehrt", HL S. 42/R S. 36) und „lauter Leid" (HL S. 42/R S. 36), und es ist die „Zerstümmlung des Baums" (HL S. 42/R S. 36), die Simplicius wieder aus dem Schlaf erweckt.

Jupiter-Episode (Buch 3, Kap. 3–6)

Nachdem Simplicius als gefürchteter „Jäger von Soest" zu zweifelhaftem Ruhm gelangt ist, begegnet ihm, während er mit seinem Soldatentrupp im Wald einem Warentransport auflauert, ein fein gekleideter Wanderer, der mit sich selbst redet. Simplicius erkennt schnell, dass er „anstatt eines Fürsten einen Phantasten gefangen hätte, der sich überstudiert und in der Poeterei gewaltig verstiegen" (HL S. 169/R S. 80) habe, da er sich für den auf die Erde herabgestiegenen Gott Jupiter ausgibt, der die Menschen für ihre Laster strafen will. Im Verhör verblüfft der Narr den Jäger mit einer utopischen Vision der Weltverbesserung durch einen „teutschen Helden", der „mit der Schärfe des Schwerts (...) alle verruchte Menschen umbringen und die fromme erhalten und erhöhen" (HL S. 171/R S. 81) werde. Jupiters Held ist mit der Macht der bedeutendsten olympischen Götter ausgestattet; er erhält beispielsweise einen „stärkern Leib, als Herkules einen hatte, mit Fürsichtigkeit, Weisheit und Verstand überflüssig geziert" (HL S. 171/R S. 81), die Schönheit, Zierlichkeit und „Anmütigkeit" (HL S. 171/R S. 82) von Venus und die Vernunft von Merkur. Der Diskurs zwischen dem Narren und Simplicius über Jupiters utopischen Entwurf eines geeinten deutschen Machtstaates unter Führung eines deutschen Helden, der mit seiner Wunderwaffe die Welt unterwirft und auf der Basis von sozialer Gleichheit und einer vereinheitlichten Religion ein Reich des ewigen Friedens schafft, wird durch diese politische Allegorisierung der olympischen Götter eingerahmt.

Utopie eines geeinten Machtstaates

Besteht jedoch Jupiter zunächst darauf, dass die Unterwerfung der Welt durch den Helden aufgrund seiner Wunderwaffe ohne Blutvergießen vonstatten geht, so widerspricht er sich bald selbst, wenn er herausstellt, dass diejenigen, die sich ihm widersetzen, mit eben jenen Gräueltaten, die in der Gegenwart an der Tagesordnung sind, umgebracht werden: Denn dann werde er „allen

Zauberern und Zauberinnen, so in der ganzen Stadt sein, die Köpf herunderhauen (...) alle Mörder, Wucherer, Dieb, Schelmen (...) umbringen“ (HL S. 172/R S. 83). Laut Jupiter ist der entworfene Zukunftsstaat Deutschland ein Reich des Friedens ohne Feudalherrschaft und Steuerzwang, in dem der Held

> „von jeder Stadt durch ganz Teutschland zween von den klügsten und gelehrtesten Männern zu sich nemmen, aus denselben ein Parlament machen, die Städt miteinander auf ewig vereinigen, die Leibeigenschaften mitsamt allen Zöllen, Akzisen, Zinsen, Gülten und Umgelten durch ganz Teutschland aufheben, und (...) viel seliger als in den Elysischen Feldern leben wird“ (HL S. 172/R S. 83).

De facto verbirgt sich aber hinter dem vermeintlichen Friedensreich ein Zwangsstaat, der nur oberflächlich den „Universalfrieden der ganzen Welt“ (HL S. 175/R S. 86) garantiert, da zuletzt auch der Religionskonflikt durch die geläuterte Einheitsreligion nur vordergründig gelöst ist, schließlich werde auch in diesem Reich jeder, der „darwider glaubt“ (HL S. 176/R S. 87), als Ketzer gefoltert und Pluto, dem Gott der Unterwelt, geschenkt. Schließlich lässt Jupiter, der allegorische Inbegriff eines absoluten Herrschers, ohne Scham vor den Soldaten die Hosen herunter, um sich von den ihn plagenden Flöhen zu befreien[20]. So gibt der Erzähler mit dem Blick auf die tatsächliche Kreatur des Narren die von diesem entworfene Vision der Lächerlichkeit preis.

---

20 In der Reclam-Ausgabe steht im Zwischentext der Hinweis auf „Jupiters Auftreten als Herr der Flöhe“ (S. 88).

Die Paradoxie der Darstellung von Jupiters utopischer Staatsvision führt dem Leser bildlich vor Augen, dass ein Machtstaat weder Voraussetzung noch Garantie für inneren Frieden oder soziale Gerechtigkeit ist.

Mummelsee-Episode (Buch 5, Kap. 12–16)

Die Mummelsee-Episode knüpft thematisch an die Jupiter-Episode an, da auch hier die Frage nach der Überwindbarkeit des Krieges im Mittelpunkt steht.

Zurück auf seinem Bauernhof im Spessart, den er als mittlerweile wohlhabender, adliger Gutsherr von seinem Knan und seiner Meuder bewirtschaften lässt, hört Simplicius von den rätselhaften Wassermännlein im Mummelsee. Er beschließt, dem Geheimnis des Bergsees unterhalb der Hornisgrinde auf den Grund zu gehen. Als er zusammen mit dem Knan der Sage entsprechend Steine in das tiefe Wasser wirft, beschwört er ein Unwetter herauf, woraufhin die Wassermännlein – die sogenannten Sylphen – erscheinen und die Steine wieder ans Ufer schaffen. Die Einladung eines auftauchenden Sylphenfürsten, ihn zu begleiten, nimmt er an und taucht mit ihm hinab in das friedliche Sylphenreich.

Im Reich der Sylphen erfährt Simplicius, dass deren Aufgabe darin besteht, den Wasserhaushalt der Erde zu regulieren. In ihrem Reich herrscht sowohl Ordnung als auch völlige Freiheit. Doch diese scheinbar vollkommene Staatsform erfordert, dass die Sylphen im Rahmen der Schöpfung zwischen Tier und Mensch stehen und weder eine unsterbliche Seele noch einen freien Willen besitzen. Aus deren Perspektive erscheint das lasterhafte Leben der irdischen Bevölkerung, die sich um ihren Platz im Himmelreich bringt, unverständlich, wie aus den Vorwürfen des Sylphenfürsten hervorgeht:

> „Wir verwundern uns an euch [Menschen] nichts mehrers, als dass ihr euch, da ihr doch zum ewigen seligen Leben und den unendlichen himmlischen Freuden erschaffen, durch die zeitliche und irdische Wollüste (...) dergestalt betören lasst, dass ihr dadurch euer Gerechtigkeit am Himmel verlieret, euch der fröhlichen Anschauung des allerheiligsten Angesichts Gottes beraubt (...)! Ach möchte unser Geschlecht an eurer Stell sein, wie würde sich jeder befleißen, in dem Augenblick eurer nichtigen und flüchtigen Zeitlichkeit die Prob besser zu halten, als ihr (...)." (HL S. 343/R S. 135)

Die vollkommene gesellschaftliche und politische Ordnung des Wasserreichs steht hier der im menschlichen Wesen begründeten Unvollkommenheit der irdischen Welt gegenüber.

Ironisch-satirische Verkehrung der realen Welt

Simplicius' Idealbild der Menschenwelt, d. h. seine märchenhafte Darstellung der „Stände der Welt in ihrem Beruf" (HL S. 346/R S. 138), die der Sylphenkönig von ihm zu hören verlangt, ist eine auf die Kritik an den Zuständen der Zeit hin ausgerichtete, für den Leser ironisch-satirische Verkehrung der realen Welt:

> „Ich antwortet [dem Sylphenkönig]: ‚Wann ich an dem Höchsten anfahen soll, so mach ich billich den Anfang an den Geistlichen; dieselbe nun seind gemeiniglich alle, sie seien auch gleich was vor Religion sie immer wollen (...) rechtschaffene Verächter der Ruhe, Vermeider der Wollüste (...); also haben die weltliche hohe Häupter und Vorsteher allein ihr Absehen auf die liebe Justitiam, welche sie dann ohne Ansehen der Person einem jedwedern, Arm und Reich, durch die Bank hinaus schnurgerad erteilen und widerfahren lassen (...) Die Kaufleute handlen nicht aus Geiz, oder um Gewinns willen, sondern damit sie ihren Nebenmenschen mit ihrer War, die sie zu solchem

> Ende aus fernen Landen herbringen, bedient sein können: Die Wirte treiben nicht deswegen ihre Wirtschaften, reich zu werden, sondern damit sich der Hungerige, Durstige und Reisende bei ihnen erquicken (...) können: Also sucht der Medikus nicht seinen Nutz, sondern die Gesundheit seines Patienten (...) Die Handwerker wissen von keinen Vörteln, Lügen und Betrug (...): Man weiß von keinem Wucher, sondern der Wohlhäbige hilft dem Dürftigen aus christlicher Liebe (...) Man merket keinen Neid (...) Man höret von keiner Unkeuschheit (...) Da ist keine Trägheit im Gottesdienst (...)'" (HL S. 346 f.//R S. 139 f.)

Diese von Simplicius ins Ideal verkehrte Realität führt dem Leser durch den satirischen Kunstgriff umso deutlicher die eigentliche „Verkehrtheit" der Realität vor Augen.

3.4 Personenkonstellation und Charakteristiken

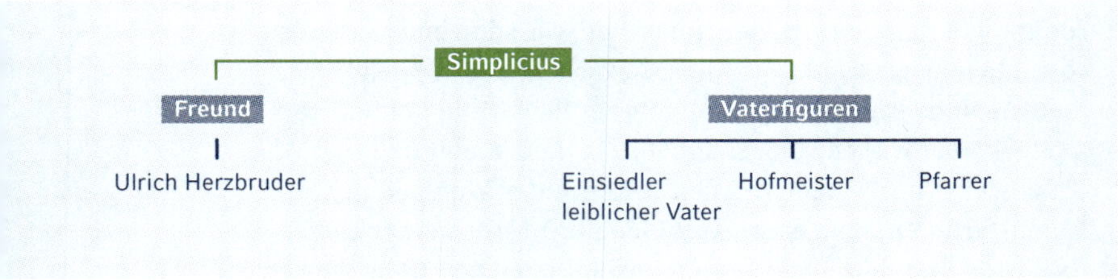

Der sprechende Name des Protagonisten

Bereits der barocke Buchtitel gibt Informationen über den Romanhelden, indem dieser als „abenteuerlich" charakterisiert wird, was im 17. Jahrhundert so viel bedeutet wie „der Welt verfallen" und „die Neugier des Lesers reizend"[21]. Sein sprechender Name „Simplicissimus" kennzeichnet ihn zugleich als den „Einfältigsten" – oder im Text auch als „Simplex", d. h. „Einfältigen", oder als „Simplicius", d. h. „allzu Einfältigen". Der sprechende Name schickt somit voraus, dass der Namensträger „nicht weltklug wird, sich immer noch über das, was um ihn herum vorgeht, wundern kann."[22] Auch wird er explizit als „Teutsch" bezeichnet, was zu jener Zeit – neben dem Hinweis darauf, dass es sich um einen „deutschen" Picaro-Roman handelt – „aufrichtig", „offenherzig" meint, und als ein „seltsamer Vagant" (HL S. 477/R S. 3).

Charakter des Protagonisten

Entsprechend der vorausweisenden Einordnung als einfältig, aufrichtig und seltsam ist der Charakter des Protagonisten im Verlauf des Romans kaum eindeutig zu bestimmen. Insgesamt unterliegt er einer Entwicklung von quasi unwissender Einfältigkeit hin

---

21 Vgl. Breuer, S. 29.
22 Ebd.

zu allgemein-menschlicher Ambivalenz. Einerseits hat Simplicius die durch den Einsiedler vermittelten christlichen Werte verinnerlicht, andererseits begeht er später Verbrechen, die diesen Werten völlig zuwiderlaufen. Insofern entwickelt er sich analog zu anderen Menschen in Kriegssituationen, auch wenn er selbst explizit den Krieg als solchen nicht als Ursache für seine Missetaten benennt.

Die charakterliche Entwicklung des Protagonisten

Die Persönlichkeit des Protagonisten während seiner Kindheit, in der der Roman einsetzt, beschreibt er selbst konkret: „Ja ich war so perfekt und vollkommen in der Unwissenheit, dass mir unmüglich war zu wissen, dass ich so gar nichts wusste." (HL S. 7/R S. 8) Seine Kindheit erscheint im Verlauf des Romans geprägt von mangelnder Bildung, d. h., dass ihm elementare Fähigkeiten wie Lesen und Schreiben nie beigebracht worden sind. Er kennt weder seinen Namen noch den seiner Eltern; er weiß nicht, was ein Wolf ist. Aus dieser umfassenden Unwissenheit heraus entwickelt der Protagonist als Kind eine eigene Gedanken- und Vorstellungswelt, die von Einfältigkeit geprägt ist. So beschreibt er den Hof seiner Eltern als Palast und stellt das Inventar des Hofes mit dem Inventar eines Palastes gleich. Seine Kindheit endet mit der Übernahme des Hirtenamtes, und auch hier wird seine Einfalt ebenso deutlich wie ein nach Höherem strebendes Gemüt. So zieht der Protagonist eine Verbindung von seinem Schäferdasein zu dem berühmter Bibelcharaktere (vgl. HL S. 8 f./R S. 8 f.). Ferner zeigt sich seine Einfältigkeit, als sein Dorf überfallen wird. Er sieht den Überfall und die Schändungen durch die Soldaten, dennoch lässt die Art und Weise der Beschreibung deutlich werden, dass er dabei weder Angst noch Trauer oder Entsetzen verspürt. Beide Gefühlsregungen scheinen ihm fremd zu sein, ebenso wie der Unterschied zwischen Gut und Böse. Deutlich wird diese einfältige Betrachtungsweise des Geschehens um ihn herum, wenn er – als Gefangener der Soldaten – zu seinem Hof reitet: „Derowegen sahe ich mich fleißig nach meinem Knan um, ob er und mein Meuder uns nicht bald entgegengehen und uns willkomm sein heißen wollen" (HL S. 11f./R S. 12). Die hier implizierte Frage, warum seine Eltern ihn und die Soldaten nicht willkommen heißen, zeigt, dass er seine Situation in keiner Weise als bedrohlich empfindet. Sein zu diesem Zeitpunkt eingeschränkter Horizont wird auch im vierten Kapitel des ersten Buches deutlich:

> „Kurz zuvor konnte ich nichts anders wissen noch mir einbilden, als dass mein Knan, Meuder, ich und das übrige Hausgesind allein auf Erden seie, weil mir sonst kein Mensch, noch einige andere menschliche Wohnung bekannt war, als diejenige, darin ich täglich aus und ein ging." (HL S. 12/R S. 13)

Der Protagonist selbst fasst seine charakterliche Entwicklung bis zu diesem Zeitpunkt zusammen: „(...) ich war nur mit der Gestalt ein Mensch, und mit dem Namen ein Christenkind, im Übrigen aber nur ein Bestia!" (HL S. 12/R S. 13). Er beschreibt sich als Mensch mit einem „unausgefüllten", noch leeren Geist, der sprichwörtlich nichts weiß und daher nicht in der Lage ist, Situationen logisch oder emotional zu interpretieren bzw. richtig einzuordnen. Was jedoch ebenso deutlich wird, ist seine Fähigkeit, schon in diesem frühen Stadium Autorität anerkennen zu können, also andere Menschen als ihm übergeordnet zu empfinden und zu akzeptieren. So führt er die Befehle seines Vaters aus (z. B. das Hüten der Herde), ebenso flieht er in den Wald, als ihm das vergewaltigte Hausmädchen dazu rät:

„‚Oh Bub lauf weg (...)‘. Da machte ich gleich den Anfang, meinen unglücklichen Zustand, den ich vor Augen sahe, zu betrachten und zu gedenken, wie ich mich förderlichst ausdrehen möchte: wohin aber?“ (HL S. 14/R S. 15)

Bedürfnis nach Wissen

Im weiteren Verlauf des Romans erweist sich Simplicius als ein Mensch, der wissbegierig ist. Dies beginnt mit seiner Flucht in den Wald und dem Zusammentreffen mit dem Einsiedler, von dem er mit wachsender Begeisterung verschiedene, insbesondere elementare Dinge lernt. Hier beginnt er, einen eigenen Charakter zu entwickeln. Nachdem sich der Einsiedler von der Unwissenheit und Einfältigkeit des jungen Simplicius überzeugt hat, beschließt er, ihn bei sich zu behalten und zu unterrichten. Simplicius’ Bedürfnis nach Wissen wird deutlich:

„Ich hielte mich so wohl, dass der Einsiedel ein sonderliches Gefallen an mir hatte, nicht zwar der Arbeit halber, so ich zuvor zu vollbringen gewohnt war, sondern weil er sahe, dass ich ebenso begierig seine Unterweisungen hörete (...).“ (HL S. 22/R S. 25)

Da der Einsiedler ihn auch religiös unterweist und versucht, aus dem Protagonisten einen im christlichen Sinn guten Menschen zu formen, verfestigt sich in Simplicius zunächst ein klares Bild von Gut und Böse:

„Solcher Ursachen halber wurde er auch desto eiferiger, mich in allem Guten anzuführen; er machte den Anfang seiner Unterrichtungen vom Fall Luzifers, von dannen kam er in das Paradeis, (...) passierte er durch das Gesetz Mosis und lernete mich vermittelst der zehen Gebot Gottes und ihrer Auslegungen (...),

> die Tugenden von den Lastern zu unterscheiden, das Gute zu tun, und das Böse zu lassen." (HL S. 22 f./R S. 25 f.)

Bewusstsein von Gut und Böse

Der Protagonist lernt Lesen und Schreiben, erfährt religiöse Unterweisung, entwickelt ein Bewusstsein von Gut und Böse und ist wissbegierig. Dennoch behält er weiterhin seine Einfalt: „(...) gleichwohl (...) ist die pure Einfalt, gegen andern Menschen zu rechnen, noch immerzu bei mir verblieben (...):" (HL S. 23/R S. 27) Simplicius empfindet den Einsiedler als Vaterfigur, denn als dieser stirbt, wird deutlich, dass der Protagonist nunmehr in der Lage ist, Emotionen zu empfinden und zu äußern:

> „Ich verharrete, wie mein Gewohnheit in dergleichen Begebenheiten war, etliche Stund neben dem Grab im Gebet, als sich aber mein allerliebster Einsiedel nicht mehr aufrichten wollte, stiege ich zu ihm ins Grab hinunder, und fing ihn an zu schüttlen, zu küssen und zu liebeln (...)." (HL S. 29 f./R S. 30)

Simplicius ist nun zunächst allein; er hat sich von einem unwissenden zu einem jungen Mann gewandelt, der für seine Zeit eine vergleichsweise gute Bildung erhalten hat. Sein Menschenbild ist durch die theoretischen Unterweisungen des Einsiedlers christlich geprägt, allerdings musste es bis zu diesem Zeitpunkt nicht in der Welt bestehen.

Wie weit der Geist des Protagonisten während seines Weges gewachsen ist, lässt sich an seiner Reaktion auf den Narrendienst erkennen, den er bald darauf am Hof des Gubernators von Hanau ableisten muss. Ebenso wird deutlich, dass sich trotz der Bildung an seiner Einfalt nichts geändert hat, was an seinen Reaktionen auf den feiernden Adel deutlich wird. Außerdem kommt es hier zu ersten Erschütterungen seines christlichen Menschenbildes: „Zerbersten dann (...) ihre Bäuch nicht (...)? können dann ihre Seelen, die Gottes Ebenbild sein, in solchen Mastschweinkörpern verharren?“ (HL S. 70/R S. 48)

Am Hof des Gubernators wird Simplicius durch Zwang und Folter zum Narren erzogen. Er soll die Rolle eines Kalbes spielen und auch verinnerlichen. Dem entgeht er jedoch, indem er die Rolle zwar spielt, aber kraft seines mittlerweile entwickelten Intellekts die exponierte Rolle als Narr dazu nutzt, diesen auch zu zeigen. So beeindruckt er beispielsweise die Tischgesellschaft des Gubernators. Sein Geist hat sich mittlerweile so weit entwickelt, dass er in der Lage ist, auch gefahrvolle Situationen zu meistern, was bereits seine sich entwickelnde Verschlagenheit andeutet. Stellvertretend hierfür sei die Reaktion des Gubernators auf die Tischrede des Protagonisten erwähnt: „Ich halte ihn vor einen Narren, weil er jedem die Wahrheit so ungescheut sagt; hingegen seint seine Diskursen so beschaffen, dass solche keinem Narren zustehn.“ (HL S. 106/R S. 52) Aber auch in dieser Situation hat der Protagonist einen Vertrauten, nämlich einen Pfarrer, den er über den Einsiedler kennengelernt hat. Dieser schützt ihn vor den Folgen seiner Einfalt.

Nach der Zeit beim Gubernator trifft Simplicius auf Menschen, die ihm erstmals nach dem Einsiedler Freunde werden, einen Hofmeister sowie dessen gleichnamigen Sohn Ulrich Herzbruder. Auch in diesem Teil ist der Charakter des Protagonisten noch gefestigt. Sein Verständnis von Gut und Böse zeigt sich in der Beschreibung der sich dem Glücksspiel hingebenden Soldaten: „An diesen närrischen Leuten sahe man sein blaues Wunder, weil sie alle zu gewinnen vermeinten (...).“ (HL S. 124/R S. 56) Er hält die Glücksspieler für närrisch und grenzt sich von ihnen ab: „Das man so greulich Gott lästert, gefällt mir nicht (...).“ (HL S. 125/R S. 57) Sein Rechtssinn beruht zu diesem Zeitpunkt noch auf den christlichen Werten. Sein Empfinden von Loyalität zeigt sich, als er seinen Freund Herzbruder vor einer Intrige warnt.

Zu einer Erschütterung seines Charakters kommt es, als er in einem Verhör alle Fragen wahrheitsgemäß beantwortet, ihm jedoch kein Glauben geschenkt, sondern die Folter angedroht wird (vgl. HL S. 143/R S. 62). Weiteren Einfluss auf seine charakterliche Entwicklung hat sein Dienst als Knecht bei einem Dragoner in einem Kloster. Hierbei lernt er das „leichte" Leben kennen und schätzen: „Das Paradeis fanden wir, wie wirs begehrten und noch darüber (...)" (HL S. 150/R S. 66). Er entwickelt einen Sinn für Besitz und für Statussymbole, wie z. B. Kleidung. So beschwert er sich:

> „In Summa, dies Paradeis schlug mir so wohl zu, als ob es das rechte gewest wäre; kein ander Anliegen hatte ich, als dass ich wusste, dass es nicht ewig währen würde, und dass ich so zerlumpt dahergehen musste." (HL S. 150/R S. 66)

Im weiteren Textverlauf wird deutlich, wie schnell sich der Bauernsohn an das „Junkerhandwerk", also das „leichte" Leben ohne Entbehrungen, gewöhnt hat. Er beginnt eine Solokarriere als gefürchteter Dragoner („Jäger von Soest"), die er auf „erschlichenem" Geld aufbaut. Somit hat er zu diesem Zeitpunkt seine christliche Einstellung mehr oder minder vergessen und beginnt, Ehrgeiz zu entwickeln sowie Dinge zu tun, die mit seinem vorherigen Charakter unvereinbar sind: Er raubt und stiehlt. Hin und wieder scheint sein „alter Charakter" durch, als er beispielsweise nach einem Raubzug den Bestohlenen Kompensation zukommen lässt. Er entwickelt sich zu einer Art Robin Hood: „Also machte ich's allerorten und überkam dardurch einen großen Ruf, und je mehr ich ausgabe und verspendierte (...)." (HL S. 161/R S. 77) Somit hat sich Simplicius mittlerweile zu einem intelligenten, aber auch listig verschlagenen Individuum entwickelt, das sowohl gebildet als auch machtbewusst ist. Seine Verschlagenheit hilft ihm, einen Konkurrenten durch einen inszenierten Spuk aus dem Feld zu schlagen. Es zeigt sich, dass der vormals ungebildete Bauernsohn mittlerweile anderen geistig überlegen ist, wie an der Konversation mit Jupiter festzustellen ist, die Simplicius' kritisch hinterfragendes Bewusstsein zeigt (vgl. HL S.171/R S. 81).Eindeutig ab vom christlichen Weg gerät Simplicius, nachdem er zu Geld gekommen ist:

> „Ich war in den Wollüsten doch nicht so gar ersoffen oder so dumm, dass ich nicht gedacht hätte jedermanns Freundschaft zu behalten, solang ich noch in derselbigen Festung zu verbleiben (...) willens war (...).“ (HL S. 218/R S. 91)

Aus dem weiteren Textzusammenhang zeichnet sich das Charakterbild eines Menschen ab, der weiß, dass sein Handeln verwerflich ist, dieses aber zu verstecken vermag und sich so die Sympathien von Menschen erhält, die er braucht. Er selbst hat zu diesem Zeitpunkt seine christlichen Werte, die er zuvor noch eingebracht hat, abgelegt und sich weit von den Vorgaben seiner Lehrer (Einsiedler, Hofmeister) entfernt. Er ist jetzt ein durchtriebener, auf seinen eigenen Vorteil bedachter Charakter, der seine Stärken kennt und diese zu seinem Vorteil einsetzt. Ihm ist von nun an alles recht, was ihm Vorteil verspricht; in Paris prostituiert er sich sogar.

Als ihn eine Hautkrankheit seines guten Aussehens beraubt, führt dies nicht etwa dazu, dass er in sich geht und sich auf seine früheren Tugenden besinnt. Stattdessen bedauert er sich nur, da er entstellt keiner seiner früheren Erwerbsmöglichkeiten mehr nachgehen kann. Darüber hinaus sieht er sich allein nicht in der Lage, seiner Rolle zu entkommen. Er macht die Umstände für sein Handeln verantwortlich, ebenso das Fehlen von Menschen, die es ehrlich mit ihm meinen: „Da fing ich erst an (...) ja ich fande, dass dasjenige Gute, so mir begegnet und ich vor gut gehalten, bös gewesen, und mich in das äußerste Verderben geleitet hatte; da war kein Einsiedel (...).“ (HL S. 253/R S. 104 f.) Dass er keinerlei Verantwortung übernimmt, kann als Beleg seiner nach wie vor vorhandenen Einfalt gelten.

Als er erneut Soldat wird, zeigt sich ein weiterer negativer Charakterzug, denn er wird zu einem mordenden Marodeur, der seinen Gegnern all das antut, was er selbst vorher verflucht hat: „(...) dass ich unter meiner Muskete ein rechter wilder Mensch war, der sich um Gott und sein Wort nichts bekümmert, keine Bosheit war mir zu viel (...).“ (HL S. 263/R S. 106 f.) In ähnlich „einfacher“ Weise wird er zu einem „gemeinen Straßenräuber“, als er Olivier trifft. Dieser begegnet ihm im Lauf des Romans dreimal, als Konkurrent von Herzbruder, als sein Konkurrent während seiner Zeit als Jäger von Soest und als Räuber. Simplicius hat keinerlei Skrupel, mit Olivier zusammenzuarbeiten, dem Mann, der seinen besten Freund Herzbruder ins Unglück gestürzt hat. Dennoch ist er nicht in der Lage, zu ihm eine wirkliche Beziehung aufzubauen; ohne Reue fleddert er dessen Leiche. Dass Simplicius trotz alledem seine menschliche Seele behalten hat, zeigt sich, als er Herzbruder wiedertrifft, ihm um den Hals fällt und im Herzen berührt ist (vgl. HL S. 299/R S. 123).

Charakterliche Ambivalenz

Simplicius’ charakterliche Ambivalenz tritt zu diesem Zeitpunkt seiner Entwicklung deutlich hervor: Einerseits ist er problemlos in der Lage, Verbrechen zu begehen, andererseits kann er ehrliche Freundschaft und Mitleid empfinden.

Zurück im Spessart besinnt sich Simplicius zuletzt auf seine alten Werte, die er aber durch die Welt, die ihn umgibt, als zerstört betrachtet. Auch hier übernimmt er keine Verantwortung für sein eigenes Tun, sondern lastet der Welt die Schuld an seinen Untaten an und kehrt sich von ihr ab, zurück zum Leben als Einsiedler.

Nebenfiguren

Vier wichtige Nebenfiguren

Mit der Anlage des Romans als fiktive Autobiografie und Darstellung des Gangs durch die Welt aus der Perspektive eines Vaganten gehen ein häufiger Schauplatz- und Nebenfigurenwechsel einher. Insgesamt treten der Einsiedler, ein Pfarrer sowie Vater (Hofmeister) und Sohn Ulrich Herzbruder als Nebenfiguren auf, die den Protagonisten bis zu einem gewissen Grad beeinflussen.

Der Einsiedler ist von adeliger Herkunft und – wie Simplicius zuletzt erfährt – sein eigentlicher Vater. Er hat sich nach mehreren Schicksalsschlägen und einer militärischen Karriere von der Welt abgewandt, da er diese für böse und gotteslästerlich hält. Simplicius findet in ihm – unwissend – eine Vaterfigur und einen Lehrmeister, der den Grundstein für seinen Charakter legt und seinem Verständnis nach als grundsätzlich guter Charakter zu sehen ist. Nicht zuletzt aufgrund seiner Erfahrungen mit dem Einsiedler wählt er am Ende des Romans dessen Existenzform.

Während seiner Zeit als Narr im Dienst des Gubernators tritt ein Pfarrer als unterstützende Person für Simplicius auf – nicht als Lehrer oder Vaterfigur, wohl aber als praktischer Helfer in bedrohlichen Situationen.

Erst der Hofmeister (der alte Ulrich Herzbruder) fungiert als weitere Vaterfigur: Er ist zunächst der einzige Mensch, dem Simplicius (in seiner Narrenrolle) Vertrauen schenkt und mit dem ihn eine gleiche Geisteshaltung verbindet. Von dessen Weisheit zeigt sich Simplicius beeindruckt. Der Sohn des Hofmeisters, der ebenfalls Ulrich Herzbruder heißt, ist der erste Freund des Protagonisten, der nicht in einem irgendwie gearteten Machtverhältnis zu ihm steht.

3.5 Sachliche und sprachliche Erläuterungen

HL S. 5/ R S. 5	**Karchelzieher**	Karrenzieher
	Anichen	Ahnen
	des Zuckerbastels Zunft zu Prag	Prager Zuckersieder, Anführer einer Diebesbande
	Nobilisten	Adlige
HL S. 6/ R S. 7	**disciplina militaris**	Kriegshandwerk
	Fortifikationswesen	Festungsbauwesen
HL S. 7/ R S. 7	**Amplistidi**	sprichwörtlich gewordener Dummkopf der griechischen Komödie
HL S. 7/ R S. 8	**Sackpfeife**	Dudelsack
	Strabo	griechischer Geograf (um 63 v. Chr. – nach 23 n. Chr.)
HL S. 9/ R S. 9	**gut Geschirr machen**	gut aufspielen
	Krotten	Kröten
HL S. 10/ R S. 11	**Podagra**	Gicht
HL S. 11/ R S. 11	**Courassier**	Reiter mit Rüstung
HL S. 11/ R S. 12	**Grillen**	törichte Einfälle
HL S. 12/ R S. 12	**Posterität**	Nachwelt
HL S. 12/ R S. 12	**Teutschen Krieg**	gemeint ist der Dreißigjährige Krieg

HL S. 12/ R S. 13	**Fahung**	Gefangennahme
HL S. 14/ R S. 16	**Nova Zembla**	russische Eismeerinsel
HL S. 15/ R S. 16	**vexierte**	ärgerte
HL S. 16/ R S. 17	**akkomodieret**	bequem eingerichtet
HL S. 23/ R S. 26	**Aristot. lib. 3 de Anima**	Aristoteles verglich die Seele mit einer beschreibbaren Wachstafel.
HL S. 28/ R S. 28	**Mathusalem**	Der Methusalem des Alten Testaments (1. Mose 5) wurde 969 Jahre alt.
HL S. 28/ R S. 29	**Malvasier**	Weinsorte
HL S. 30/ R S. 31	**funeralia**	Begräbniszeremonien
	Klerisei	Klerus
HL S. 35/ R S. 32	**Cavallier**	Edelmann, Adliger
	Partisane	Stoßwaffe
HL S. 36/ R S. 32	**Commissarios**	die mit etwas Beauftragten
	Besemen	Besen
HL S. 37/ R S. 34	**Pikenierern**	unterster Rang der Infanterie
HL S. 37/ R S. 34	**Baumöl geben**	prügeln
	Schmiralia	Schmiergeld
HL S. 38/ R S. 35	**Kontribution**	Kriegssteuer
	Plankschmeißer	Schreiber
HL S. 43/ R S. 37	**Gelnhausen**	hessische Stadt an der Kinzig; Geburtsort Grimmelshausens
	Schlacht vor Nördlingen	Die Schlacht fand am 6.9.1634 statt und endete mit einer Niederlage der Schweden unter Herzog Bernhard von Weimar.

HL S. 45/ R S. 39	**Gubernator**	Festungskommandant
HL S. 50/ R S. 42	**Schlacht vor Höchst**	Die Schlacht fand am 22.6.1622 statt; der kaiserliche General Tilly schlug Herzog Christian von Braunschweig.
HL S. 52/ R S. 44	**Petschierring**	Siegelring
HL S. 68/ R S. 46	**Cnäus Manlius**	Römischer Konsul, der den Luxus liebte.
HL S. 90/ R S. 50	**visierlichen**	ansehnlichen
	Gaukelfuhr	Narrenzug
HL S. 106/ R S. 52	**einen Sparrn haben**	nicht ganz normal sein
HL S. 106/ R S. 53	**Nabuchodonosor**	der babylonische König Nebukadnezar
HL S. 123/ R S. 54	**Physiognomia**	die Kunst, vom Gesicht eines Menschen auf seine Eigenschaften zu schließen
HL S. 123/ R S. 55	**Chiromantia**	Handlesekunst
HL S. 123/ R S. 55	**Fatum**	Schicksal
HL S. 124/ R S. 56	**Scholder**	Glücksspiel
	Marketender	Händler, der mit der Truppe zog
HL S. 129/ R S. 59	**Musterschreiber**	Kompanieschreiber
HL S. 142/ R S. 61	**Regimentschultheiß**	untersuchungsführender Jurist bei Militärgerichten
HL S. 143/ R S. 62	**Domine, non sum dignus**	Herr, ich bin nicht würdig
	Generalauditor	höchster Beamter des Militärgerichts
	Profos	Regimentsscharfrichter

HL S. 145/ R S. 62	**Battalia**	Schlacht
	Eskadron	kleinste Einheit der Kavallerie
HL S. 151/ R S. 67	**Salvaguardi-gelder**	Geld für die Schutzwache
HL S. 155/ R S. 68	**Vest**	Festung von Recklinghausen (Stadt in Nordrhein-Westfalen)
HL S. 156/ R S. 69	**Convivium**	Festmahl
HL S. 169/ R S. 79	**Dorsten**	westfälische Stadt nahe Recklinghausen
HL S. 169/ R S. 79	**Ranzion**	Lösegeld
	Traktation	Behandlung
HL S. 170/ R S. 80	**Sylvani**	Waldgötter
	Faunis	Feldgottheiten
	Nymphis	weibliche Wassergottheiten
	Styx	Fluss der Unterwelt
	Lykaon	König von Arkadien; aufgrund seiner Gottlosigkeit hat Zeus der Sage nach die Sintflut geschickt.
HL S. 171/ R S. 81	**Narcissum, Adonidem**	Narcissus verliebte sich der griechischen Mythologie zufolge in sein eigenes Spiegelbild. Adonis war der Geliebte der Aphrodite.
HL S. 171/ R S. 82	**Pallas**	Athene, die Göttin der Wissenschaft
	Parnasso	Parnass, ein den Musen geweihter Berg
	Vulcanus	Gott des Feuers und der Schmiedekunst
	hora Martis	Stunde des Kriegsgottes Mars
HL S. 172/ R S. 83	**Akzisen**	Verbrauchssteuern
	Chorum Deorum	Chor der Götter

HL S. 408/ R S. 85	**Manoha**	Stadt in Venezuela, die wegen ihres Goldreichtums berühmt war.
HL S. 218/ R S. 91	**englischer**	engelhafter
HL S. 219/ R S. 92	**weder Petrisch noch Paulisch bin**	weder katholisch noch protestantisch bin
HL S. 222/ R S. 94	**Leffelei**	Buhlerei
HL S. 225/ R S. 97	**Schwährvatter**	Schwiegervater
HL S. 247/ R S. 100	**Bisam**	Moschus
HL S. 247/ R S. 101	**Daffet**	Seidenstoff
HL S. 249/ R S. 103	**Pistolet**	Goldmünze
HL S. 252/ R S. 104	**Kindsblattern**	Pocken
	Cornelium	Augenstar
HL S. 253/ R S. 105	**extraordinari**	außerordentliches
HL S. 254/ R S. 106	**Urschlechten-mäler**	Pockennarben
	Purpeln	Pockengeschwüre
HL S. 264/ R S. 107	**Wippe**	Wippgalgen, Foltergerät
	Sodomiten	Sodomie, Unzucht mit Tieren
HL S. 265/ R S. 109	**Steckenknecht**	Gerichtsdiener zur Vollstreckung der Prügelstrafe
HL S. 270/ R S. 113	**Rumormeister**	Chef der Militärpolizei

HL S. 276/ R S. 116	**Machiavellum**	Machiavelli (1469–1527) vertritt in seinem Fürstenspiegel *Il principe* die unbeschränkte Fürstenmacht.
HL S. 279/ R S. 118	**Debitores**	Schuldner
HL S. 280/ R S. 119	**Judenspieß führen**	Wucher treiben, da Juden keine Waffen führen durften.
HL S. 324/ R S. 131	**Bankert**	uneheliches Kind
	Gehenk	Eingeweide
HL S. 324/ R S. 132	**Mansfelder Krieg**	Am 27.4.1622 schlug Graf Ernst von Mansfeld bei Wiesloch Tilly.
HL S. 328/ R S. 135	**Mummelsee**	Fischloser See am Südosthang der Hornisgrinde im Schwarzwald, in dem dem Volksglauben nach Geister leben.
HL S. 344/ R S. 136	**Valor**	Wert
	centro terrae	Mittelpunkt der Erde
HL S. 344/ R S. 137	**Pilatussee**	kleiner See auf dem Pilatus am Vierwald-stätter See
HL S. 345/ R S. 138	**Sybillen**	Prophetinnen
HL S. 346/ R S. 138	**konjekturieren**	vermuten
HL S. 346 R S. 140	**Vörteln**	Vorteile
HL S. 371/ R S. 141	**Oraculum Apollonis**	Orakel des Apollo in Delphi
HL S. 372/ R S. 144	**Urlaub**	Abschied
HL S. 374/ R S. 145	**Zeitungen**	Neuigkeiten

3.6 Stil und Sprache

ZUSAMMEN-
FASSUNG

Stil und Sprache des *Simplicissimus*-Romans stehen im Kontext der von Grimmelshausen auf der Titelseite explizit angeführten Horazschen Funktion von Literatur, die sowohl unterhalten als auch nutzen *(prodesse et delectare)* soll. So werden im Verlauf des Romans bewusst unterhaltende und moralisch belehrende sprachlich-stilistische Mittel – oftmals vermischt – eingesetzt. Beispiele für Elemente, die vor allem Unterhaltungscharakter haben, sind derbe Erzählerkommentare oder lustige Schwankeinlagen. Moralisch-unterweisenden Charakter haben insbesondere die in der Rückschau auf zentrale Erlebnisse und Verfehlungen des Helden oder der „Menschheit" vorgebrachten Reflexionen. Durch die sprachlich-stilistische Vermischung von unterhaltenden und belehrenden Elementen wird das Perspektivenspiel auf der Erzählerebene ermöglicht, welches dazu führt, dass das die Abenteuer und Verfehlungen erlebende Ich und das von einem asketischen Blickwinkel aus rückschauende, erzählende Ich jeweils eigene Erzählzüge aufweisen. Nutzen sollen jedoch nicht nur die belehrenden Kommentare und Reflexionen, sondern auch die anspielungsreichen ironisch-satirischen Elemente, mit denen der Erzähler auf kunstvolle Weise seine Zeit kritisiert. So finden sich etwa im Verlauf des Erzählten – neben den zentralen allegorisch-satirischen Episoden – immer wieder ironische Brechungen, verblüffende Wendungen und Pointen, die aus einer ironischen Erzählweise resultieren, über die der Erzähler das Einverständnis des Lesers zu erhalten versucht.

SPRACHLICHE MITTEL/STIL	ERKLÄRUNG	TEXTBELEG
Schwank, Derbheit	Durch unverblümte, lustig-derbe, scherzhafte Einlagen fordert der Erzähler dem Leser das Lachen ab, wie er selbst formuliert: „Ich muss ein Stücklein oder etliche erzählen, die mir hin und wieder begegnet, (...) und ob sie schon nicht von Importanz sein, sind sie doch lustig zu hören." (HL S. 155/R S. 68)	Simplicius' Unterhaltung mit der Landsmännin des „Lusthauses" zu seiner Zeit als potenzstarker Lustknabe dreier Pariser Hofdamen: „Meine Alte fragte mich (sonst konnte niemand mit mir reden), welche ich unter diesen dreien [maskierten Frauen] vor die schönste hielte? Ich antwortet, dass ich keine Wahl darunter sehen könnte; hierüber fing sie an zu lachen, dass man ihr alle vier Zähne sahe, die sie noch im Maul hatte, und fragte: „Warum das?" Ich antwortet, weil ich sie nit recht sehen könnte (...)" (HL S. 248/R S. 101 f.)
moralisch-belehrende Kommentare und Reflexionen	Die christlich-moralische Unterweisung orientiert sich an der für die Barockzeit typischen Antithetik, die die Erscheinungen der Welt und deren Wahrnehmung durch den Menschen kennzeichnet. Dies schlägt sich in der auch den rückschauenden Erzähler prägenden *vanitas-mundi*-Vorstellung (*Vergänglichkeit der Welt*) nieder, die dem menschlichen Streben nach Sinnenbefriedigung und Lebensfreude	„(...) denn fressen und saufen, Hunger und Durst leiden, huren und buben, rasslen und spielen, schlemmen und demmen, morden und wieder ermordet werden (...) war ihr [der Landsknechte] ganzes Tun und Wesen (...)." (HL S. 36f./R S. 33) „Ich lase einsmals, wasmaßen das Oraculum Apollinis den römischen Abgesandten, als sie fragten was sie tun müssten, damit ihre Untertanen friedlich regiert würden, zur Antwort geben: Nosce te ipsum, das ist, es sollte sich jeder selbst erkennen: Solches machte dass ich mich hindersonne, und von

SPRACHLICHE MITTEL/STIL	ERKLÄRUNG	TEXTBELEG
	(*carpe-diem*-Vorstellung; *Nutze den Tag!*) antithetisch gegenübersteht. Maxime ist hier der stete Gedanke an den Tod (*memento-mori*-Vorstellung), nach dem man vor das Angesicht Gottes tritt und an seinen irdischen Taten gemessen wird, ehe einem Einlass ins Himmelreich gewährt wird.	mir selbst Rechnung über mein geführtes Leben begehrte, weil ich ohnedas müßig war; da sagte ich zu mir selber: ‚Dein Leben ist kein Leben gewesen, sondern ein Tod; (...) deine Wollüst schwere Sünden, deine Jugend eine Phantasei, (...) du bist durch viel Gefährlichkeiten dem Krieg nachgezogen, (...) bist bald hoch bald nieder, bald groß bald klein, bald reich bald arm, (...) bald geehrt und bald veracht gewesen: Aber nun du o mein arme Seel was hast du von dieser ganzen Reis zuwegen gebracht?'" (HL S. 371/R S. 141 f.) „(...) ich sahe nur auf das Gegenwärtige und meinen zeitlichen Nutz, und gedachte nicht einmal an das Künftige, viel weniger, dass ich dermaleins vor Gottes Angesicht müsste Rechenschaft geben!" (HL S. 371/R S. 142 f.)

SPRACHLICHE MITTEL/STIL	ERKLÄRUNG	TEXTBELEG
Satire, ironisch-satirische Elemente	Gegenstand der Satire im *Simplicissimus* ist der Zustand der Welt und des Menschen zur Zeit Grimmelshausens, der Zeit des Dreißigjährigen Krieges. Durch indirekte, komisch-verfremdende Nachahmung der vertrauten Erscheinungen der Wirklichkeit wird diese verspottet und kritisiert. Die Norm, an der sich die Kritik an der Verderbtheit der Zeit (der „verkehrten" Welt) im Roman orientiert, ist die christliche Lehre.	Satirische Entlarvung der Korruption innerhalb der Militärhierachie in der Ständebaum-Allegorie: „(...) dahero war ein unaufhörliches Gegrabbel und Aufkletterns an diesen Baum, weil jeder gerne an den obristen glückseligen Orten sitzen wollte; (...) die Unterste, was ehrgeizig war, hoffeten auf der Obern Fall, damit sie an ihren Orten sitzen möchten (...)." (HL S. 38/R S. 35) Vgl. Mummelsee-Episode (s. o.).
Anspielung	Anspielung auf Mt 6, 26: „Seht euch die Vögel des Himmels an: Sie säen nicht, sie ernten nicht und sammeln keine Vorräte in Scheunen; euer himmlischer Vater ernährt sie. Seid ihr nicht viel mehr wert als sie?"	„Sie [die Merodebrüder] wachen nicht, sie schanzen nicht, sie stürmen nicht, und kommen auch in keine Schlachtordnung, und sie ernähren sich doch!" (HL S. 270/R S. 113)

3.7 Interpretationsansätze

ZUSAMMEN-FASSUNG

Der abenteuerliche Simplicissimus kann unter dem Gesichtspunkt der gesellschaftlichen Wirklichkeit seiner Entstehungszeit interpretiert werden, im Kontext des simplicianischen Zyklus sowie unter besonderer Berücksichtigung der Konzeptionen des Protagonisten als tumber Narr und Schalksnarr. Interessante, erhellende Parallelen und Unterschiede bietet eine Kontrastierung des *Simplicissimus* mit Wolfram von Eschenbachs *Parzival*.

Deutungsvielfalt im Kontext der gesellschaftlichen Wirklichkeit

Bei einer Interpretation des komplexen Erzählwerks Grimmelshausens ist es laut Volker Meid notwendig, dieses im Kontext der geschichtlichen Wirklichkeit seiner Zeit zu betrachten. Aufgrund der Überlagerung unterschiedlicher Denkströmungen lässt sich der Roman nicht auf eine eindeutige Aussage hin interpretieren:

> „Es sind gerade auch die allegorischen (und/oder utopischen) Passagen, die auf die gesellschaftliche Wirklichkeit und auf die Widersprüche zwischen verschiedenen Konzeptionen der Welt und der Weltinterpretation verweisen. Der unhistorische Versuch, einen komplexen Roman aus einer Zeit, in der sich mittelalterliche und neuzeitliche Denkströmungen überlagern, einlinig zu interpretieren und auf eine eindeutige Aussage festzulegen, muss schon deswegen scheitern, weil sich Grimmelshausen durch das Neben- und Gegeneinander verschiedener Deutungsmöglichkeiten einfachen Lösungen verschließt (…).

Gerade diese Widersprüche charakterisieren die Stellung des Romans in einer Epoche, die sich von mittelalterlichen Konzepten zu lösen beginnt, gerade hier dringt ‚Realität' in den Roman ein."[23]

Deutung im Kontext des simplicianischen Zyklus

Eine Deutung von Grimmelshausens Roman im Kontext des simplicianischen Zyklus ermöglicht eine genauere Einsicht in das spezifische, perspektivengebundene Erzählverfahren des barocken Autors, mit dem er eine Identifikation des Lesers mit dem Helden bewusst verhindert:

„[Für den Autor ist] (d)ie Wahnbefangenheit bzw. perspektivische Gebundenheit des Lesers (...) nicht aufhebbar. Schlussfolgernde moralische Belehrung des Lesers ist zwecklos. Das unterscheidet Grimmelshausen von der älteren Erbauungsliteratur, etwa von der Picaro-Übertragung des Albertinus, der den Picaro und mit ihm den Leser am Ende mit Hilfe einer langen Moralpredigt bekehren zu können glaubt. Nicht so Grimmelshausen. Sein Leser soll und kann sich mit dem Lebenslauf des Helden nur sehr bedingt identifizieren. Simplicissimus bleibt denn auch denen, die ihm auf seinem Lebensweg begegnen, ein Rätsel. Seine Glaubensgewissheit ist auf den Leser ebenso wenig übertragbar wie auf die anderen Romanfiguren, etwa Courasche und Springinsfeld. Stil und Erzählform tragen dem Rechnung. Grimmelshausen hat den Perspektivismus der Lebensläufe im simplicianischen Zyklus zunehmend verschärft: Er provoziert identifikatorische Lektüre und verunsichert sie zugleich durch Ironie. Die Ich-Erzählung erlaubt, wie gezeigt,

---

23 Meid, S. 122 f.

‚Wahrheit' nur in perspektivischer Brechung. Solche wahnbefangenen Perspektiven sind das Schwanken des Simplicissimus zwischen hochmütiger Selbstüberschätzung und Gottvertrauen, im *Courasche*-Roman der Affekt des Zorns und der Rache, im *Springinsfeld*-Roman der sture, in Widersprüche führende Skeptizismus, im *Wunderbarlichen Vogel-Nest I* die gutmütige Naivität des Hellebardierers, Ordnung schaffen zu können, im *Wunderbarlichen Vogelnest II* der bigotte Glaubenseifer des Kaufmanns. Solche wahnbefangenen Perspektiven schränken die Wahrheit der Aussagen der Figuren ein; man kann sich nur bedingt mit ihnen identifizieren."[24]

Simplicius als *tumber Narr* und als *Schalksnarr*

Petra Kabus analysiert in ihrer Studie „Verkehrte Welt" die Darstellung des Protagonisten als *tumber Narr* und als *Schalksnarr*, mittels derer Grimmelshausen ein großes Bedeutungspotenzial ausschöpft:

„Grimmelshausen baut mit Simplex eine Figur auf, die einerseits naiver Narr, andererseits aber in der Lage ist, die Narrheiten der anderen wahrzunehmen. Die Figur des Narren, welcher sich Grimmelshausen hier bedient, umschließt (...) ein gewaltiges Bedeutungspotenzial. Der Narr ist jemand, der außerhalb der jeweilig geltenden Gesellschaftsnorm steht. Er ist also Teil der traditionellen, verkehrten Welt und damit Reibungsfläche für die Normen der ‚richtigen' Welt. Als Simplex in Hanau ankommt, ist er sozusagen natürlicher Narr; er steht außerhalb des sozialen Gefüges, und zwar in einem tieferen Sinn außerhalb aller sozialen Normen. Der Außenseiter wird verlacht.

24 Breuer, S. 62.

Seine beim Einsiedel erworbene Bildung jedoch gibt ihm die Möglichkeit, seinerseits Verkehrtheiten der Welt aufzudecken. Dies geschieht zunächst auf durchaus ernsthafte und im Übrigen naive Weise.
Im Folgenden erleben wir mit, wie sich Simplex allmählich von diesem Stadium des naiven, aber gelehrten Narren zu lösen beginnt. Immer mehr nimmt er teil am sündhaften Leben, und zwar gezwungen durch die Notwendigkeit des Überlebens. (...)
Der ‚tumbe' Narr Simplex hatte aus Mangel an einem verbindlichen Wertesystem die verschiedensten Dinge und Erscheinungen fehlinterpretiert. Die christlichen Moralnormen, welche ihm der Einsiedel vermittelt hatte, standen im deutlichen Widerspruch zum wirklichen Verhalten der Menschen. Simplex reflektierte diese Zuwiderhandlungen gegen Gottes Gebote. (...)
Als Schalksnarr nun spielt Simplex nur noch mit seiner vorgeblichen Naivität. Fehlinterpretationen (...) sind bewusst verwendete Mittel der Verkehrung. Simplex bewegt sich damit im Bereich der Narrenfreiheit (...). Während die Reflexionen des christlichen Narren den Zwiespalt Norm – Realität aufdeckten und daneben Simplicii unpassendes Verhalten – von der Figur her unbeabsichtigt – auf die Verkehrtheit der Welt zurückverwiesen, nutzt der Schalksnarr diese Möglichkeit der Kontrastierung ganz bewusst."[25]

---

25 Kabus, S. 33 ff.

Illustration aus dem *Parzival* des Wolfram von Eschenbach, Heidelberger Handschrift 1446
© ullstein bild

Grimmelshausens *Simplicissimus* und Wolfram von Eschenbachs *Parzival*

Ein literaturgeschichtlich orientierter Ansatz ist die Interpretation des *Simplicissimus*-Romans vor dem Hintergrund des hochmittelalterlichen *Parzival*-Romans des Wolfram von Eschenbach. Wie Thomas Strässle herausstellt, weisen beide Titelfiguren interessante Parallelen und Unterschiede auf, deren Kontrastierung für die Deutung beider Romane gewinnbringend ist:

„In der Torheit, durch die die Figuren Parzival und Simplicius bei ihrer Ankunft in der Welt gleichermaßen gekennzeichnet sind, besteht unbestritten deren offenkundigster Zusammenhang. Die äußeren Attribute dieses inneren Zustandes – Torenkleid und Kalbshabit – können geradezu als Fanal der motivisch-strukturellen Verwandtschaft zwischen *Parzival* und *Simplicissimus Teutsch* gelten (...). Die Begegnung mit der Welt kann erklärtermaßen in beiden Fällen unter die weit gefassten Oberbegriffe der *tumpheit* bzw. der *simplicitas* gebracht werden. Als Parzival im Torenkleid sich aufmacht, den Wald zu verlassen, fest entschlossen, die Welt kennenzulernen und zum Ritter zu avancieren, erweckt er allerorten den Eindruck der *tumpheit* – geradeso erscheint Simplicius in Hanau als der Einfältige, für den man letzten Endes nur die Rolle des Narren bereithält. (...) Die in Frage stehende Parallele zwischen *Parzival* und *Simplicissimus Teutsch* gestaltet sich (...) wie folgt: Die Hauptfigur zieht in beiden Texten aus dem Wald aus und trifft nach unterschiedlich langer und unterschiedlich differenziert dargestellter Wegstrecke in der Welt ein, um daselbst allseitige Verwunderung hervorzurufen. Zusätzlich korrespondiert in beiden Fällen die Neugier, die der Hauptfigur von der Welt entgegengebracht wird, mit der Neugier, die jene einst aus dem Wald hinausgetrieben hatte: Interesse an der Welt geht somit auf in Interesse seitens der Welt.“[26]

---

26 Strässle, S. 366–378.

4. REZEPTIONSGESCHICHTE

ZUSAMMEN-FASSUNG

Bereits innerhalb der Leserschaft seiner Zeit wurde der *Simplicissimus*-Roman nach seinem Erscheinen im Jahre 1668 positiv aufgenommen, da er noch in fünf weiteren Ausgaben mit verschiedenen Vorworten und Illustrationen veröffentlicht wurde. Die besondere Wirkung des *Simplicissimus* beweisen schon zu Lebzeiten des Autors die zahlreichen „Simpliziaden", die insbesondere im 17. und 18. Jahrhundert als eigenes Genre des pikaresken Romans erfolgreich waren; viele Schreiber wurden von Grimmelshausens Roman zu Nachahmungen angeregt. Immer wieder wurde der Roman Anstoß zur Beschäftigung mit Problemen und Fragen der Gegenwart. Er bewegte zu Aktualisierungen, war Vorlage und Namensgeber für satirische Schriften noch im 20. Jahrhundert, in dessen Verlauf er seine Popularität als weltweit übersetztes Denkmal deutscher Literatur beibehielt.

Mehrere Ausgaben innerhalb kurzer Zeit

Die positive Aufnahme des *Simplicissimus* innerhalb der Leserschaft seiner Zeit lässt sich zunächst daraus ableiten, dass der Roman nach seiner Erstausgabe (1668) noch in fünf weiteren Ausgaben veröffentlicht wurde, die sich zum Teil durch einen sprachlich veränderten Text, Erweiterungen sowie Vorworte und Illustrationen auszeichneten. So wurden in der zweiten Ausgabe (1669) offenkundige Druckfehler korrigiert; die Fortsetzung, die *Continuatio*, wurde eingebunden[27].

---

27 Breuer, S. 46 f.

Die besondere Wirkung des *Simplicissimus* beweisen schon zu Lebzeiten des Autors die zahlreichen „Simpliziaden", die insbesondere im 17. und 18. Jahrhundert als eigenes Genre des pikaresken Romans erfolgreich waren. Viele Schreiber wurden von Grimmelshausens Roman zu Nachahmungen angeregt. Solche „Simpliziaden" sind beispielsweise *Simplicianischer Jan Perus* (1672), *Der simplicianische Welt-Kucker Oder Abentheuerliche Jan Rebhu* von Johann Beer (1677), Daniel Speers *Ungarischer oder Dacianischer Simplicissimus* (1683) sowie *Simplicissimus Redivius* (1743).[28] Der Name „Simplicissimus" war äußerst werbewirksam; so liefen auch Jahreskalender unter dessen Autorschaft.

Zahlreiche Nachahmungen

Mit dem Romantiker Ludwig Tieck begann Ende des 18. Jahrhunderts eine neue Phase der Grimmelshausen-Rezeption, die „mehr als ein Ausdruck der romantischen Vorliebe für ‚Altdeutsches'"[29] war, da der *Simplicissimus* im Zeitalter der Französischen Revolution, ausgehend von der Jupiter-Episode, besondere Aktualität erhielt. So druckte Tieck in seiner Erzählung *Ein Tagebuch* (1798) einen Teil der Jupiter-Episode ab und rückte diesen in den Kontext der Diskussion um Kants Schrift *Zum ewigen Frieden* (1795). Tieck schreibt im *Tagebuch*:

Ludwig Tieck

> „Zum Glück treffe ich hier ein Buch, das ich schon sonst mit sehr großem Vergnügen gelesen habe. Es ist *der abenteuerliche Simplicissimus*, 1669 gedruckt. In diesem Buche ist auf eine recht anschauliche Art das ganze Leben dargestellt, und so oft es auch angeführt ist, hat man es doch nach meinem Bedenken nie genug gelobt.

---

28 Vgl. ebd., S. 49.
29 Meid, S. 211.

> Im dritten Buche ist besonders eine Stelle, in der ich den Reformator ganz wiederfinde, den ich heut gesprochen habe. Der Held der Geschichte dient als Jäger im Kriege (...).
> In dieser ganzen Stelle herrscht mehr Satire als die meisten Leute bemerken werden, so wie im ganzen Buche mehr Poesie und ein besserer Stil ist, als man jemals geglaubt hat. Jene Stelle ist auch für uns noch nicht unpassend geworden, und der wirkliche, ewige Friede dürfte wohl nur durch einen ähnlichen Helden hervorgebracht werden können. Ich denke immer an diesen Jupiter, wenn ich die mannigfaltigen Vorschläge höre und lese, die das Glück der Menschheit begründen sollen."[30]

Somit wurde der *Simplicissimus* in der Romantik, also in der Zeit der Napoleonischen Kriege, Anstoß zur Beschäftigung mit drängenden Problemen und Fragen der Gegenwart, wie insbesondere der Verwirklichung eines dauerhaften Friedens zwischen den Völkern.

19. Jahrhundert

Im frühen 19. Jahrhundert wurde der Roman durch die *Simplicissimus*-Bearbeitung von Johann Christian Ludwig Haken (1809) bekannt, der im Roman ein wertvolles „Sittengemälde" sah, das trotz seiner „Plattheiten, Obszönitäten und Ungeschmacktheiten" den Rang als „der erste deutsche Originalroman" beanspruchen könne, nicht zuletzt durch seinen Aktualitätsgehalt bezüglich der Darstellung des Kriegskontextes[31].

---

30 Zitiert nach Meid, S. 212.
31 Zitiert nach ebd., S. 211.

Laut Haken sind im *Simplicissimus*

> „auch deutsche Sitten und Charaktere in einer ebenso markigen, als für ihr Zeitalter ausgebildeten und gewandten Sprache, aufgestellt worden; der uns ein nach dem Leben gezeichnetes Bild von den Gräueln, dem Elend und den Drangsalen einer Zeitperiode gibt, die der gegenwärtigen wunderbar ähnelt – der Periode jenes Dreißigjährigen Krieges, unter dessen Geißel unser armes Vaterland in allen seinen Grenzen blutete; der den rohen Geist jener Räuberhorden, die es – gleichviel, unter welcher Fahne! – plünderten und zerrissen, kräftig ausspricht (...)“[32].

20. Jahrhundert

Die Deutung des Romans in deutsch-nationaler Tradition wurde im frühen 20. Jahrhundert fortgesetzt, wenn *Simplicissimus* als „Verkörperung des verratenen deutschen Volkes, Grimmelshausen als Verkünder einer besseren Zeit“[33] etabliert wurde. Immer wieder waren es das Elend des Dreißigjährigen Krieges sowie die Ankündigung eines deutschen Helden (Jupiter-Episode), die zum Anlass für Aktualisierungen im Zeichen des Nationalismus genommen wurden. Die Vorstellungen eines „deutschen Helden“ mündeten mit Begriffen wie Helden-, Soldaten- und Führertum in das „Ideenkonglomerat des Nationalsozialismus“[34]. So galt Grimmelshausen laut eines Eintrags in Arthur Moeller van den Brucks nationalkonservativem „Geschichtswerk“ *Die Deutschen. Unsere Menschengeschichte* (1904–1910) als Bewahrer des aus dem Mittelalter überlieferten „Deutschen“ in einer Zeit der „Überfremdung“[35].

---

32 Zitiert nach ebd., S. 213 f.
33 Ebd., S. 229.
34 Ebd., S. 230.
35 Ebd.

Dass es neben der national-konservativen Lesart noch eine zweite gab, die der schonungslos-satirischen Zeitkritik Grimmelshausens womöglich eher entsprach, belegt die von 1896 bis 1944 in München erschienene satirische Wochenschrift *Simplicissimus*, die von Albert Langen und Thomas Theodor Heine gegründet wurde, und an der Autoren wie Hermann Hesse, Thomas und Heinrich Mann, Ludwig Thoma oder Erich Kästner mitgearbeitet haben. Gerade in den Jahren vor dem Ersten Weltkrieg wurde hier im Medium der Satire Kritik am Wilhelminismus, Militarismus und Untertanengeist, an Kirche und bürgerlicher (Doppel-)Moral geübt.

Im weiteren Verlauf des 20. Jahrhunderts behielt der Roman seine Popularität und wurde als Denkmal deutscher Literatur in zahlreiche Sprachen übersetzt[36].

---

36 Breuer, S. 49.

5. MATERIALIEN

Für eine Beschäftigung mit dem *Simplicissimus*-Roman im Unterricht ist insbesondere eine Deutung des in der Originalausgabe abgedruckten Kupferstichs motivierend, da dieser eine visuelle Vorausdeutung auf zentrale Aspekte des Romans darstellt sowie eine literaturgeschichtliche Verortung anregt. Es finden sich darüber hinaus zahlreiche Abbildungen zu den in verschiedenen Ausgaben des Romans abgedruckten Illustrationen im Grimmelshausen-Handbuch von Dieter Breuer. Der folgende Auszug aus dem Handbuch kann zur Anregung oder Sicherung als Zusatzmaterial genutzt werden.

„Ein rätselhafter Kupferstich bildet den Eingang des Romans. Abgebildet ist ein Tierwesen mit Satyrkopf, Frauenleib, Männerarm, Enten- und Kuhfuß, Flügeln und Fischschwanz. Es trägt an langer Schärpe einen Degen, in den Händen hält es ein aufgeschlagenes Buch, auf dessen beiden Seiten eine Vielzahl von Gegenständen abgebildet ist: Krone, Barett, Kanone, Würfel, Biene, Turm, Pokal, Wickelkind, Degen, Narrenkappe, Festung, Baum, Spinne, Schiff, Salbtopf, Brathuhn. Die Füße stehen auf Masken, die auf dem Boden verstreut sind. Eine Banderole über der Gestalt gibt den Titel des Romans an, unterhalb des Bildes befindet sich ein Gedichttext aus vier Reimpaaren:

Ich wurde durchs Fewer wie Phoenix geborn.
Ich flog durch die Lüffte! wurd doch nit verlorn,
Ich wandert durchs Wasser, Ich raißt über Landt,
in solchem Umbschwermen macht ich mir bekandt,
was mich offt betrüebet und selten ergetzt

was war das? Ich habs in diß Buche gesetzt,
damit sich der Leser gleich wie ich itzt thue,
entferne der Thorheit und lebe in Rhue.

Der Kupferstich insgesamt ist emblematisch angelegt: Überschrift (inscriptio), Bild (pictura) und Gedicht (subscriptio) sind die üblichen formalen Bestandteile des Emblems. Um seine ‚sinnreiche' Bedeutung zu erschließen, ist hier – mehr noch als üblicherweise in der Emblemkunst – Scharfsinn vonnöten.

Der Satyrkopf, der die Tradition der Titelkupfer zu satirischen Schriften aufnimmt, verweist auf den satirischen Charakter des Romans, dessen Episoden durch die im aufgeschlagenen Buch abgebildeten Gegenstände repräsentiert scheinen. Schwieriger zu verstehen ist die Bedeutung des zum Satyrkopf gehörenden Körpers. Hier hat der fachwissenschaftliche Scharfsinn inzwischen zwei sinnreiche Bedeutungen zutage gefördert: eine auf den Romaninhalt und eine auf seine Form bezogene. Der Satyrkopf sitzt auf dem Körper eines Monstrums, einer Chimäre, die Elemente spätmittelalterlicher Chimärendarstellungen in sich vereinigt und manieristisch verrätselt. In diese Tradition gestellt, verweist die Figur auf moralische Monstrosität, auf die Scheußlichkeit der gottfernen Seele (...). Die Pictura würde demnach den inneren Zustand des Romanhelden zeigen, sein geistig-moralisches Abbild ohne beschönigende Masken. Das Gedicht nimmt diese Deutung auf und verweist auf die im Buch zu findende Überwindung des scheußlichen Seelenzustandes. Der Leser wird so auf ein allegorisch-moralisches Verständnis des Erzählten eingestimmt (...).

Das Monstrum lässt sich aber auch als ein poetologischer Topos verstehen, als eine Anspielung auf die Anfangsverse der *Ars poetica* des römischen Dichters Horaz. Dort steht eine ähnlich monströse Figur als abschreckendes Bild für ein hässliches, zusammengestückeltes und folglich missratenes Dichtwerk. Grimmelshausen hätte demnach seinen Roman als ein solches Monstrum, ein formloses mixtum compositum im Sinne klassizistischer Schönheitsvorstellungen verstanden, darin aber keinen Nachteil, sondern gerade einen Vorzug gesehen."[37]

37 Ebd., S. 27 f.

6. PRÜFUNGSAUFGABEN MIT MUSTERLÖSUNGEN

Unter www.königserläuterungen.de/download finden Sie im Internet zwei weitere Aufgaben mit Musterlösungen.

Die Zahl der Sternchen bezeichnet das Anforderungsniveau der jeweiligen Aufgabe.

Aufgabe 1 ***

1. **Analysieren Sie die Textgrundlage im Hinblick auf die Art und Funktion des Erzählers der fiktiven Autobiografie sowie der verschiedenen Erzählebenen.**
2. **Diskutieren Sie mögliche Intentionen des Romans vor dem Hintergrund seiner zeitgeschichtlichen Wirklichkeit und verweisen Sie auf entsprechende Romanstellen.**

Mögliche Lösung in knapper Fassung:

ERZÄHL-PERSPEKTIVEN

Zwei Perspektiven des „autobiografischen" Ich-Erzählers werden miteinander konfrontiert. Als rückschauendes Ich kommentiert der Erzähler, was auf der Handlungsebene geschah, und sein einstiges Verhalten. Er involviert den Leser, indem er auf die zeitlichen Abstände zwischen den Erlebnissen und auf die Bedeutung der Erzählpassagen hinweist. Seine Schilderung der grausamen Plünderung des väterlichen Hofes durch fremde Soldaten ist durch seine explizite Äußerung ein mahnendes Beispiel für die Schrecken des Krieges und für die – aus seiner rückschauenden Perspektive – verborgene „göttliche Absicht" dieser Untat.

Für den Erzähler-Protagonisten ist der grauenvolle Mord an seiner Familie mit der göttlichen Absicht verbunden, ihn zur „Erkenntnis" – zum Wissen um „die Herkunft der Menschen in diese Welt, und dass sie wieder daraus müssten" (HL S. 12/R S. 13) – zu bringen, eine Einsicht, die ihm die mangelhafte Erziehung durch seine Eltern versagt habe. So erkennt er in der Ermordung seiner Familie die göttliche Strafe für ihre erzieherischen Versäumnisse und Mahnung für andere, denn der Allerhöchste „wollte (...) sich doch nur desjenigen [Weges] bedienen, in welchem mein Knan und Meuder, andern zum Exempel, wegen ihrer liederlichen Auferziehung gestraft würden" (HL S. 12/R S. 13).

WEITERE ASPEKTE

- → Anbindung der schriftlichen Auseinandersetzung mit den Intentionen des Romans an Hintergrundwissen und Text;
- → Umsetzung der Kriterien des Aufgabenformats;
- → Verweise auf die Zustände zu Zeiten des Dreißigjährigen Krieges;
- → mögliche Romanverweise sind u. a. Passagen der Zeit von Simplicissimus als gefürchteter „Jäger von Soest".

Aufgabe 2 **

1. **Charakterisieren Sie unter Bezugnahme auf verschiedene Stationen seines Lebensweges den Protagonisten und erläutern Sie dabei Grimmelshausens Figurenkonzeption.**
2. **Bewerten Sie Simplicius' finale Abkehr von der Welt und seinen Rückzug in den Spessarter Wald vor dem Hintergrund seines Lebenswegs.**

Mögliche Lösung in knapper Fassung:

CHARAKTERISIERUNG

Die Persönlichkeit des Protagonisten ist während seiner Kindheit geprägt von mangelnder Bildung; ihm sind elementare Fähigkeiten wie Lesen und Schreiben nie beigebracht worden. Er kennt u. a. weder seinen Namen noch den seiner Eltern. Er ist umfassend unwissend und entwickelt daraufhin als Kind eine eigene Gedanken- und Vorstellungswelt, die sich als einfältig charakterisieren lässt. So beschreibt er den Hof seiner Eltern als Palast und stellt das Inventar des Hofes mit dem Inventar eines Palasts gleich. Sein Schäferdasein bzw. die Übernahme des Hirtenamtes verbindet er direkt mit berühmten Bibelcharakteren. Als sein Dorf überfallen wird, ist er ebenfalls einfältig: Er sieht den Überfall und die Schändungen durch die Soldaten, doch durch die Art und Weise der Beschreibung wird deutlich, dass er dabei keine Gefühlsregungen zeigt; diese und die Unterscheidung zwischen Gut und Böse sind ihm fremd. Während er als Gefangener der Soldaten zu seinem Hof reitet und sich fragt, warum seine Eltern ihn und die Soldaten nicht willkommen heißen, wird deutlich, dass er seine Situation nicht als bedrohlich empfindet und noch äußerst einfältig – auf der Stufe der „Bestia" – dahinlebt.

WEITERE ASPEKTE

- → Deutliche Bewertung der Taten des Protagonisten unter Berücksichtigung der in seiner Figur angelegten Ambivalenz;
- → Anbindung an den Text;
- → Abwägung eines alternativen Lebensendes;
- → Umsetzung der formalen Kriterien einer schriftlichen Stellungnahme.

Aufgabe 3 *

1. **Untersuchen Sie die Beziehung zwischen Simplicius und dem Einsiedler. Erläutern Sie die Funktion dieser Konstellation für den weiteren Lebensweg des Protagonisten.**
2. **Schreiben Sie vor dem Hintergrund der Textgrundlage einen Monolog aus der Sicht des Einsiedlers, den der junge Simplicius „verwundert" und begeistert.**

Mögliche Lösung in knapper Fassung:

ZU 1.

Mit seiner Flucht in den Wald und dem Zusammentreffen mit dem Einsiedler entwickelt sich Simplicius zu einem „Christenmenschen" mit eigenem Charakter. Er verspürt ein starkes Bedürfnis nach Wissen, das den Einsiedler erfreut und ihn zu seiner Lehrer- und Vaterfigur macht. Simplicius lernt Lesen und Schreiben; er entwickelt außerdem ein Bewusstsein von Gut und Böse, behält aber weiterhin seine Einfalt. Dank seiner Zeit beim Einsiedler kann er zuletzt auch Emotionen empfinden und äußern. Der Hintergrund der leiblichen Vaterschaft des Einsiedlers wirft rückblickend ein dramatisch-ironisches Licht auf diese Episode; dem Leser wird (vor dem barocken Hintergrund) die „göttliche" Fügung der Ereignisse und ein innerer, logischer Zusammenhang zwischen Genealogie und individueller charakterlicher Entwicklung suggeriert.

ZU 2.

Individuelle Ausgestaltung des Monologs unter Anlehnung an die Figurenkonzeption und unter Beachtung der formalen Kriterien des Aufgabenformats.

Aufgabe 4 **

Untersuchen Sie die „Jupiter-Episode" (Buch 3, Kap. 3–6) im Hinblick auf ihre thematische sowie sprachlich-stilistische Gestaltung und deren Funktion.

Mögliche Lösung in knapper Fassung:

ZEITKRITIK MITTELS ALLEGORISIERUNG

In der „Jupiter-Episode" (III, Kap. 3–6, HL S. 168–179/R S. 78–88) wird mittels Allegorisierung von Möglichkeiten friedlichen, christlichen Zusammenlebens in „verkleideter" Form Zeitkritik geübt.

INHALT DER JUPITER-EPISODE

Nachdem Simplicius als gefürchteter „Jäger von Soest" zu zweifelhaftem Ruhm gelangt ist, begegnet ihm, während er mit seinem Soldatentrupp im Wald einem Warentransport auflauert, ein fein gekleideter Wanderer, der mit sich selbst redet. Im Verhör verblüfft der Narr Simplicius mit einer utopischen Vision der Weltverbesserung durch einen „teutschen Helden", der „mit der Schärfe des Schwerts (...) alle verruchte(n) Menschen umbringen und die fromme(n) erhalten und erhöhen" (HL S. 171/R S. 81) werde. Jupiters Held ist mit der Macht der bedeutendsten olympischen Götter ausgestattet.

FUNKTION DER JUPITER-EPISODE

Der Diskurs zwischen dem Narren und Simplicius über Jupiters utopischen Entwurf eines geeinten deutschen Machtstaates unter Führung eines deutschen Helden, der mit seiner Wunderwaffe die Welt unterwirft und auf der Basis von sozialer Gleichheit und einer vereinheitlichten Religion ein Reich des ewigen Friedens schafft, wird durch diese politische Allegorisierung der olympischen Götter eingerahmt.

De facto verbirgt sich aber hinter dem vermeintlichen Friedensreich ein Zwangsstaat, der nur oberflächlich den „Universalfrieden der ganzen Welt" (HL S. 175/R S. 86) garantiert, da zuletzt auch der Religionskonflikt durch die geläuterte Einheitsreligion nur vordergründig gelöst ist, schließlich werde auch in diesem Reich jeder, der „darwider glaubt" (HL S. 176/R S. 87), als Ketzer gefoltert und Pluto, dem Gott der Unterwelt, geschenkt.

FAZIT

Die Paradoxie der Darstellung von Jupiters utopischer Staatsvision führt dem Leser bildlich vor Augen, dass ein Machtstaat weder Voraussetzung noch Garantie für inneren Frieden oder soziale Gerechtigkeit ist.

LITERATUR

Zitierte Ausgaben:

Grimmelshausen, Hans Jacob Christoffel von: *Der abenteuerliche Simplicissimus.* Husum/Nordsee: Hamburger Lesehefte Verlag 2010 (Hamburger Leseheft Nr. 207, Heftbearbeitung: Elke und Uwe Lehmann). Zitatverweise sind mit **HL** gekennzeichnet.

Grimmelshausen, Hans Jacob Christoph von: *Der abenteuerliche Simplicissimus.* Gekürzte Ausgabe. Herausgegeben von Walter Schafarschik. Stuttgart: Philipp Reclam jun., durchgesehene Ausgabe 2001 (Reclams Universal-Bibliothek Nr. 7452). Zitatverweise sind mit **R** gekennzeichnet.

Sekundärliteratur:

Breuer, Dieter: *Grimmelshausen-Handbuch.* München: Wilhelm Fink, 1999.

Gersch, Hubert: *Literarisches Monstrum und Buch der Welt. Grimmelshausens Titelbild zum „Simplicissimus Teutsch".* Tübingen: Max Niemeyer, 2004.

Kabus, Petra: *Verkehrte Welt. Zur schriftstellerischen und denkerischen Methode Grimmelshausens im „Abentheurlichen Simplicissimus Teutsch".* Frankfurt am Main u. a.: Peter Lang, 1993.

Meid, Volker: Einleitung. In: Hans Jacob Christoph von Grimmelshausen: *Der abenteuerliche Simplicissimus Teutsch.* Stuttgart: Reclam, durchgesehene Ausgabe 1997, S. 5–37.

Meid, Volker: *Grimmelshausen. Epoche – Werk – Wirkung.* München: Verlag C. H. Beck, 1984.

Spriewald, Ingeborg: *Vom „Eulenspiegel" zum „Simplicissimus". Zur Genesis des Realismus in den Anfängen der deutschen Prosaerzählung.* Berlin: Akademie-Verlag, 1974.

Strässle, Thomas: *„Vom Unverstand zum Verstand durchs Feuer". Studien zu Grimmelshausens „Simplicissimus Teutsch"*. Frankfurt am Main: Peter Lang, 2001.

Internet-Links:

http://www.grimmelshausen.org

http://www.uni-muenster.de/FNZ-Online/politstrukturen/dreikrieg/gliederung.htm

http://de.wikipedia.org/wiki/Der_abenteuerliche_Simplicissimus

http://de.wikipedia.org/wiki/Drei%C3%9Figj%C3%A4hriger_Krieg

Verfilmung:

Des Christoffel von Grimmelshausen abenteuerlicher Simplicissimus. Deutschland 1975.
ZDF-Fernsehfilm in vier Teilen

STICHWORTVERZEICHNIS